IXᵉ CONGRÈS NATIONAL CORPORATIF

(IIIᵉ de la Confédération générale du Travail)

Tenu à Toulouse les 20, 21, 22, 23, 24 et 25 septembre 1897

COMPTE RENDU

DES

TRAVAUX DU CONGRÈS

TOULOUSE

IMPRIMERIE G. BERTHOUMIEU

20, RUE DE LA COLOMBETTE, 20

1897

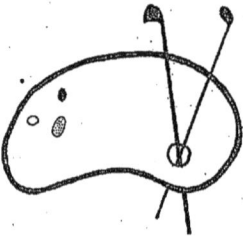

DÉBUT D'UNE SÉRIE DE DOCUMENTS
EN COULEUR.

Couverture inférieure manquante

IXe CONGRÈS NATIONAL CORPORATIF

(IIIe de la Confédération générale du Travail)

COMPTE RENDU DES TRAVAUX

TOULOUSE, IMPRIMERIE O. BERTHOUMIEU

IXᵉ CONGRÈS NATIONAL CORPORATIF

(IIIᵉ de la Confédération générale du Travail)

Tenu à Toulouse les 20, 21, 22, 23, 24 et 25 septembre 1897

COMPTE RENDU

DES

TRAVAUX DU CONGRÈS

TOULOUSE

IMPRIMERIE G. BERTHOUMIEU

20, RUE DE LA COLOMBETTE, 20

1897

PRÉFACE

Camarades,

A l'heure où toutes les corporations internationales luttent pour leur indépendance, à ce moment où plus que jamais nous devons agir pour la réalisation de notre idéal : « la Fraternité ouvrière », nous avons la conviction que toutes les organisations ouvrières feront leur devoir.

Devant la guerre acharnée et sans trêve que nous fait le capital, aux groupements syndicaux, la solidarité s'impose.

La Question Sociale, bassement dénigrée par l'égoïsme bourgeois, doit acquérir une consécration éclatante. L'heure est sonnée, manquer serait une désertion.

Dans ce Congrès, pour lequel nous avons reçu de nombreuses adhésions (ce dont nous sommes heureux, car elles témoignent toute l'importance avec laquelle il est à bon droit considéré), seront traitées avec toute leur importance les questions ouvrières, émanation directe du régime social que nous convoitons.

Pour la confirmation d'un passé plein de luttes, en face d'un présent si triste sous le joug capitaliste, il faut réagir pour que se manifestent plus rapides les batailles vengeresses. Forts de notre droit, si nous sommes unis, nous triompherons.

DEBUT DE PAGINATION

Pour la réalisation de ce beau rêve, Travailleurs il faut marcher de l'avant.

Pour vos aïeux qui ont souffert, pour vous qui luttez et peinez, pour vos enfants auxquels si vous n'y remédiez, vous léguerez la misère, venez tous à Toulouse étudier les causes de vos souffrances afin d'en abolir les effets.

Ordre du Jour des Travaux du Congrès

1º Modifications aux Statuts de la Confédération générale du Travail ;

    I. Admission des Bourses du Travail avec représentation au sein de la Confédération ;

    II. Admission de tous les Syndicats et groupes corporatifs avec représentation active.

2º Voies et moyens d'assurer la publication du journal quotidien, organe des Travaillleurs ;

    I. Méthode d'action pour assurer l'existence d'un organe quotidien.

3º Création de Syndicats nationaux par corporation et parties s'y rattachant ;

4º   I. Unité d'action de tous les Syndicats constitués dans la Confédération ;

    II. Titre unique de CONFÉDÉRATION pour toute l'organisation corporative.

5º Grève générale ou partielle par industrie ;

6º Suppression de tout travail fait par l'élément militaire dans les casernes, soit pour l'entretien et les services divers des casernements, soit pour tout ce qui a trait à l'habillement, l'équipement et l'harnachement. Tous ces travaux devront être exécutés dans l'industrie privée ;

7º Travail dans les prisons et maisons de détentions civiles et militaires ;

    I. Application des tarifs syndicaux sur tous les travaux qui y sont effectués.

8º Journée de huit heures ;

    I. Moyens pour faire aboutir cette mesure d'une manière générale.

9° Chambre du Travail (en remplacement du Conseil supérieur du travail);

    I. Son mode de recrutement;

    II. Son organisation.

10° Boycottage;

11° Création de Comités permanents de conciliation pour chaque industrie;

12° Retraite pour la vieillesse. — Projet de loi Escuyer;

13° Dispositions à prendre pour l'organisation du Congrès international corporatif de 1900 à Paris.

Pour le Conseil national,

    A. LAGAILSE.

Pour la Commission d'organisation,

    F. BOUSQUET.

LISTE DES ORGANISATIONS OUVRIÈRES

REPRÉSENTÉES

AU IXme CONGRÈS CORPORATIF

DE TOULOUSE EN 1897

Arribaut. — Syndicat de l'Optique, Paris. — Coquilleurs, Paris. — Union métallurgique, Toulouse.

Bouyer, place Saint-Vincent. Le Mans. — Syndicat des Mécaniciens, Le Mans. — Mouleurs, Le Mans. — Ébénistes, Le Mans. — Typographes, Le Mans.

Bourges, 28, rue Châteaudun, Rennes. — Syndicat des Charpentiers, Scieurs de long, Rennes. — Brossiers, Rennes. — Platriers, Rennes. — Meuniers, Rennes. — Métaux, Rennes. — Maçons, Rennes. — Voitures, Rennes. — Couvreurs, Rennes. — Tailleurs de pierre, Rennes. — Cordonniers, Rennes. — Menuisiers, Rennes. — Mineurs, Rennes. — Cuirs et Peaux, Rennes. — Vendeurs de journaux, Rennes. — Plombiers, Rennes. — Fédération des Syndicats, Rennes. — Bourse du Travail, Rennes.

Bousquet (Charles), barrière Fontaine-Lestang, Toulouse. — Syndicat des Cochers (voitures de place), Paris. — Vanniers, Toulouse. — Maçons, Toulouse. — Mécaniciens, Toulouse. — Mécaniciens, St-Quentin. — Mineurs, Carmaux. — Fédération des Mineurs de France, Syndicat des Mineurs de Carmaux.

Bousquet (François), Bourse du Travail, Toulouse. — Syndicat des Maréchaux-ferrants, Toulouse. — Fédération des Syndicats, Cette. — Tisserands, Cholet. — Menuisiers en bâtiment, Toulouse.

Bénézech, rue Général-Riu, Montpellier. — Bourse du Travail, Montpellier. — Syndicat des Cordonniers, Montpellier.

Barrau, route de Verfeil, Toulouse. — Syndicat des Chaufourniers, Laguerche. — Courtiers et Représentants de Commerce, Paris. — Ligue pour la suppression des bureaux de placement, Paris.

Barlan, r. Lancefoc, 15, Toulouse. — Union des Syndicats, Clermont-Ferrand. — Syndicat des Menuisiers en fauteuils, Toulouse. — Fédération des Tabacs, Paris. — Fédération des Poudreries et Raffineries, Saint-Médar-en-Jailles.

Bernadac, rue Saint-Henri, 7, Toulouse. — Syndicat des Tailleurs d'habits, Paris. — Tailleurs d'habits, Toulouse. — Tisseurs, Louviers.

— 12 —

Briat, Bourse du Travail (Syndicat des ouvriers en intruments de précision). — Syndicat des Coupeurs-Chémisiers, Paris. — Instrüments de précision, Paris. — Travailleurs du Gaz (Compagnie Parisienne). Paris.

Braun, rue Vilin, 31, Paris. — Syndicat des Citreurs au blanc, Paris. — Fédération métallurgique de France, Paris.

Besset, 99, rue Moncey, Lyon. — Conseil local Lyonnais, Lyon.

Blanc, rue des 3 Piliers, 23, Toulouse. — Syndicat des Ferblantiers, Grasse. — Soieries, Charlieu.

Corblère, Côte-Pavée, Toulouse. — Bijouterie dorée, Paris. — Plombiers-Couvreurs, Paris. — Bâtiment, La-Roche-sur-Yon.

Capjuzan, rue de Savie, 6, XXe arrondissement, Paris. — Cordonnerie de France, Paris.

Cumora, 7, rue Veronèse, Paris. — Union des Mécaniciens, Seine.

Coloni, rue Merly, 36, Toulouse. — Bourse du Travail, Toulouse. — Syndicat des peintres en bâtiment, Seine. — Tonneliers, Toulouse.

Coignard, rue des Bordiers, à la Tranchée, Tours. — Corps réunis, Lorient. — Syndicat des Tailleurs, Tours. — Tisseurs sur soie. — Ebénistes. — Bourse du Travail, Tours (Ce mandat est abandonné comme faisant double emploi.) — Syndicat des Plâtriers, Tours. — Boutonniers sur os, Tours. — Tanneurs, Tours. — Employés des chemins de fer, Tours. — Travailleurs des chemins de fer de France et des Colonies, Tours. — Fédération des Chambres syndicales, Tours. — Imprimerie, Tours. (Les quatre derniers mandats sont abandonnés comme étant représentés par les délégués des Fédérations auxquelles appartiennent ces Organisations et représentées au Congrès.) — Tailleurs de pierre, Tours. — Menuisiers, Tours. — Plombiers, Ferblantiers, Tours. — Peintres, Tours. — Serruriers, Tours. — Sabotiers, Tours. — Cuirs et Peaux, Amboise. — Tanneurs, Vendôme. — Bâtiment, Châteauroux. — Tanneurs, Châteauroux. — Union syndicale des ouvriers Tailleurs de pierre, Mineurs et Carriers de Constantine.

Chiron, rue de Paris, 67, Brest. — Fédération des Travailleurs du Finistère.

Claverie, rue de Paris, 177, à Sannois (Seine-et-Oise). — Syndicat des Employés commissionnés du Gaz, Paris.

Dumas, square de la Couronne, 1, rédacteur-correspondant au *Petit Provençal*, Nîmes. — Bourse du Travail, Nîmes.

Demange, secrétaire de la Bourse du Travail de Saint-Nazaire. — Bourse du Travail, St-Nazaire. — Syndicat des Maçons, St-Nazaire. — Machinistes, St-Nazaire. — Tourneurs, St-Nazaire. — Corporations réunies, St-Nazaire. — Chaudronniers, St-Nazaire. — Menuisiers, St-Nazaire. — Forgerons, St-Nazaire. — Ajusteurs, St-Nazaire. — Mouleurs, Modeleurs, St-Nazaire.

Danflous, rue Pharaon, 28, Toulouse. — Syndicat des Teinturiers dégraisseurs, Paris. — Selliers, Bourreliers, Harnacheurs, Toulouse. — Scieries mécaniques, Hermes (Oise).

Dauber, r. Lancefoc, 36, Toulouse. — Fédération des Tissus (4e Catég.) Paris.

Dorbessan, chemin des Religieuses, Libourne (Gironde). — Syndicat des Tailleurs de pierre et Maçons, Libourne.

Dulong, Toulouse. — (Remplaçant le Citoyen Arribaut.)

Dax, rue des Blanchers. — Syndicat des Chapeliers, Toulouse.

Delesalle, r. des Carmes. 28, Paris. — Syndicat des Garçons Limonadiers. Seine.

Faberot, Chambre des Députés. — Syndicats des Passementiers. Paris. — Tailleurs d'habits. Bordeaux. — Doreurs, Bordeaux. — Mineurs de l'Aveyron, Bordeaux. — Journaliers du Port, Le Hâvre. — Fédération des Chambres syndicales. Le Hâvre. — Chambre syndicale des ouvriers du Bâtiment. Le Hâvre. — Ouvriers Métallurgistes du Hâvre.

Fournier, boulevard Saint-Marcel, 92. Paris. — Fédération des Travailleurs des Ardennes. — Syndicat des Garçons de Magasin, Paris. — Employés, Seine.

Gandon, rue des 3 Moulins, 1. Angers. — Syndicat des Typographes. Angers. — Boulangers, Angers. — Charpentiers, Angers.

Garcin, 90. boulevard Ménilmontant. Paris. — Fédération des Mouleurs de France, Paris.

Girard, 52. rue Saint-André-des-Arts. Paris. — Syndicat des Omnibus. Paris. — Grève générale.

Groq, rue Job. 11, Toulouse. — Bourse du Travail. Limoges. — Syndicat des Cartouchiers. Seine. — Employés de Commerce. Toulouse.

Galantus, rue Vilin. 2. Paris (XXᵉ arrondissement). — Syndicat des Fondeurs de cuivre. Seine. — Ferblantiers. Seine.

Grentzel, rue Bichat. 36. Paris. — Union des bronzes. Paris. — Syndicat des Estampeurs. Paris. — Tolliers, Seine.

Gidel, rue Carlusset, Albi (Tarn). — Syndicat des Verriers d'Albi (ancien Carmaux).

Goillandeau, rue Baron. 22. Nantes. — Syndicat des Tailleurs de pierre. Nantes. — Serruriers. Nantes. — Couvreurs. Zingueurs. Nantes. — Granitiers. Nantes. — Sculpteurs, Nantes. — Manœuvres du Bâtiment. Nantes. — Menuisiers. Nantes.

Guérard, 71. rue de Seine, Paris, et **Pacotte.** — Syndicat des Chemins de fer. Paris.

Harlay, rue Oberkamp, 153, Paris. — Syndicat des Mouleurs en cuivre. Paris. — Mouleurs fer et cuivre. Toulouse.

Hamelin, rue Pernety, 55, Paris. — Fédération du Livre. Paris. — Fédération des Syndicats. Vichy. — Syndicat des Typographes. Paris.

Lafaix, rue d'Issoudun. 96. à Bourges (Cher). — Fédération des Syndicats ouvriers du Cher.

Lacour, place St-Louis, 1, à Fourchambault. — Syndicat des Métallurgistes. Fourchambault.

Laurent, au Champ-de-la-Ville. Nevers. — Syndicat des Cordonniers. Nevers. — Couvreurs. Nevers. — Métallurgie. Nevers. — Céramique. Nevers.

Lemaître, rue de Bouillon. 7. Angers. — Bourse du Travail, Angers. — Syndicat des Sculpteurs, Angers. — Tailleurs de pierre et Maçons. Angers. — Serruriers. Angers. — Scieurs de long. Angers.

Lagaïlse. 53. rue du Commerce. Paris. — Confédération générale du Travail. Paris — Syndicat des Jardiniers de la ville de Paris. — Mineurs de Fémoreau et Puy-de-Serre.

Maison. rue du Soleil. 23 bis, Paris. — Syndicat des Coupeurs brocheurs. Paris. — Coupeurs brocheurs, Tours. — Fédération des Coupeurs brocheurs de France. Paris. — Coupeurs brocheurs, Rouen.

Mercier. Bourse du Travail. Bordeaux. — Syndicat des Tailleurs de pierre et Maçons, Bordeaux.

Mouchebœuf, Bourse du Travail, Bordeaux. — Syndicat des Menuisiers en bâtiment. Bordeaux.

Meyer, 161. avenue Daumesnil, Paris. — Syndicat des Porteurs de journaux, P: — Cuisiniers, Paris. — Boulangers, P: — Bouchers, Paris. — Limonadiers, P: — Pâtissiers, Paris. — Etaliers, Paris

Maynier, rue de Savoie, Paris. — Syndicat des Typographes. Paris. — Heurs, Paris. — Biscuitiers et Pains d'é; Paris.

Majot. 111. boulevard Ménilmontant, Paris. — Syndicat des Mécaniciens de France, P: — Union métallurgique de l'Oise, Mo taire.

Narcisse, rue des Lois. Toulouse. — Syndicat des Bûcherons, Villers-Cautei Cordonniers cousu-main. Toulouse.

Neyron. Bourse du Travail, Saint-Etienne. — Bourse du Travail. Saint-Etienne. — Bo: du Travail, Saint-Chamond.

Nauze, place Lagaune. 10. Toulouse. — Syndicat des Typographes. Toulouse.

Neau, boulevard Gambetta, à La Flèche (Sarthe). — Syndicat des Galochiers, La Flèche.

Pinel, rue des Juifs, 11. Toulouse. — Syndicat de l'Ameublement. Saint-Loui Fédération du Bâtiment, Rouen. — C Auxerre.

Pouget. 15. rue Lavieuville (Montmartre). Paris. — Groupe corporatif de Clichy, Clichy. Bourse indépendante. Amiens. — Féd tion des Syndicats de la ville de Vie

Pitet, Croix-Daurade. Toulouse. — Syndicat des Terrassiers. Toulouse. — veurs-Cimenteurs-Bitumiers, Seine. — donniers. Angers. — Bourse du Tra Dijon.

Ribrac, rue des Ollivettes. 18. Nantes. — Syndicat des Tapissiers d'ameublem Nantes. — Ouvriers brossiers. Nantes Tourneurs robinetiers. Nantes. — Coll de papiers peints, Nantes. — Ouvrier; mionneurs, Nantes. — Ouvriers en voit Nantes. — Inscrits maritimes. Nante Tailleurs d'habits. Nantes. — Usines nies. Nantes. — Chaisiers et Menuisier fauteuils. Nantes. — Chapeliers ap prieurs. Nantes. — Porteurs de bois, ; tes. — Ouvriers et Ouvrières des Tal Nantes. — Scieurs mécanique et Mont en caisses. Nantes. — Ebénistes et Meu de style, Nantes. — Manœuvres des atel métallurgiques. Nantes. — Ouvrier; employés des Chemins de fer, Nante Fédération des Métallurgistes de Fr: (section), Nantes. — Frappeurs, Nai — Modeleurs mécaniciens. Nantes. — gerons, Nantes. — Vanniers. Nantes: Bourse du Travail. Nantes. — Méta gistes, Couéron.

Roger, rue Bisson, 12. Paris. — Syndicat des Forgerons et Serruriers. P: — Voitures. Paris. — Ouvriers en voit Paris.

Richard. 11, rue des Amandiers, Paris. — Syndicat des Zingueurs et parties simila Paris.

Rancoul, Bourse du Travail, Narbonne. — Bourse du Travail, Narbonne.

Riom. 113, rue du Mont-Cenis, Paris. — Syndicat du Bâtiment. Sens. — Menuis Saint-Denis. — Maçons, Seine. — Féd tion du Bâtiment. Seine. — Terrass Seine. — Fédération du Bâtiment. P: — Ouvriers parqueteurs. Seine. — Taill et Scieurs de pierre du département (Seine.

Reisz, r. des Pyrénées, 232, Paris. — Outils à découper, Paris.

Rollan, petite rue Saint-Lazare, 7, Toulouse.
Syndicat des Confiseurs-Distillateurs, Toulouse. — Charpentiers, Pau. — Métallurgistes, Les Mazures. — Plâtriers, Troyes.

Renaudin, pass. Maslier, 1, Paris.
Syndicat des Gainiers, Paris. — Fédération Cuirs et Peaux, Paris. — Fédération des Tissus, Paris.

Richer, 105, rue Denfert-Rochereau, Le Mans.
Bourse du Travail, Le Mans. — Syndicat des Galochiers, Le Mans. — Chaussures, Le Mans. — Tailleurs, Le Mans.

Rigaud, rue de la Calandre, 7, Le Mans.
Syndicat des Ferblantiers, Le Mans. — Couvreurs, Le Mans. — Peintres, Le Mans. — Tailleurs de pierre, Le Mans. — Charpentiers, Le Mans. — Serruriers, Le Mans. — Plâtriers, Le Mans. — Menuisiers en bâtiment, Le Mans. — Maçons, Le Mans.

Soulery, Bourse du Travail, Alger.
Bourse du Travail, Alger. — Fédération des Cuisiniers de France, Alger.

Soubrane, rue de la Barrière, 87, Tulle (Corrèze).
Union des Syndicats, Tulle.

Seigné, Bourse du Travail, Paris.
Union des Syndicats de la Seine, Paris. — Chevreau glacé, Paris.

Soudant, rue de Ménilmontant, 95, Paris.
Travailleurs municipaux, Paris.

Teissèdre, rue Blanqui, à Vierzon-Village (Cher).
Union des Chambres syndicales du Berry, Mehuns-sur-Yèvre. — Fédération des Syndicats professionnels, Vierzon.

Thierrard, avenue de Bétheny, Reims.
Textiles, Reims.

Valois, à Fumel (Lot-et-Garonne).
Syndicat des Métallurgistes, Fumel.

RÉCAPITULATION

NOM DU DÉLÉGUÉ	NOMBRE D'ORGANISATIONS QU'IL REPRÉSENTE	
	EFFECTIF	COLLECTIF
Arribaut, Toulouse	3	»
Bourges, Rennes	17	»
Bouyer, Le Mans	4	»
Bousquet (Ch.), Toulouse	8	27
Bousquet (F.), —	4	17
Bénezech, Montpellier	2	23
Barlan, Toulouse	4	41
Bernadac, —	3	»
Briat, Paris	3	»
Braun, —	2	15
Besset, Lyon	1	20
Blanc, Toulouse	2	»
Barrau, —	1	»
Corbière, Toulouse	3	»
Capjuzan, Paris	1	»
Cumora, —	1	»
Coloni, Toulouse	3	45
Coignard, Tours	19	22
Chiron, Brest	1	16
Claverie, Paris	1	1
Dumas, Nîmes	1	12

NOM DU DÉLÉGUÉ	NOMBRE D'ORGANISATIONS QU'IL REPRÉSENTE	
	EFFECTIF	COLLECTIF
Demange, Saint-Nazaire	10	19
Danflous, Toulouse	3	»
Dauber, —	1	»
Dorbessan, Libourne	1	»
Dax, Toulouse	1	»
Delesalle, Seine	1	»
Faberot, Paris	8	»
Fournier, —	3	31
Gandon, Angers	3	»
Garcin, Paris	1	26
Girard, —	2	8
Groq, Toulouse	3	35
Galantus, Seine	2	»
Grentzel, Paris	3	»
Gidel, Carmaux	1	»
Goillandeau, Nantes	7	»
Guérard et Pacotte, Paris	1	187
Harlay, Paris	2	»
Hamelin, —	3	150
Lafaix, Bourges	1	»
Lacour, Fourchambault	1	»
Laurent, Nevers	1	»
Lemaître, Angers	5	21
Lagailse, Paris	3	»
Maison, Paris	1	6
Maynier, —	3	»
Mercier, Bordeaux	1	7
Mouchebœuf, —	7	7
Meyer, Paris	2	2
Majot, —		
Narcisse, Toulouse	2	2
Neau, La Flèche	1	»
Neyron, Saint-Étienne	2	41
Nauze, Toulouse	1	»
Pinel, Toulouse	3	23
Poujet, Clichy	3	33
Pitet, Toulouse	4	»
Roger, Paris	3	8
Richard, —	1	»
Rancoul, Narbonne	1	9
Riom, Sens	7	85
Rollan, Toulouse	4	»
Renaudin, Paris	3	35
Ribrac, Nantes	26	»
Richer, Le Mans	5	21
Rigaud, —	9	»
Reisz, Paris	1	»
Soulery, Alger	2	32
Soubrane, Tulle	1	6
Seigué, Paris	2	40
Soudant, —	2	21
Teissèdre, Vierzon	3	»
Thierrard, Reims	1	»
Valois, Fumel	1	»

IIIᵐᵉ CONGRÈS

DE LA

Confédération Générale du Travail

SEANCE D'OUVERTURE

LUNDI 20 SEPTEMBRE 1897 (Matin)

La séance est ouverte à 9 heures.

Groq, délégué des employés de commerce de Toulouse, au nom de la Commission du Congrès, souhaite en termes chaleureux la bienvenue fraternelle aux congressistes et explique la bonne marche que doit suivre le Congrès.

L'assemblée applaudit les conclusions.

Groq. — Il y a lieu de procéder à la nomination du Président et à celle de deux Assesseurs.

Sont désignés :

Soulery, d'Alger, comme Président ; Seigné, de Paris, et Benesech, de Montpellier, comme Assesseurs.

Nomination du Secrétaire :

L'assemblée désigne Rollan ; Rollan se récuse.

Au second vote, le citoyen Richer, Secrétaire de la Bourse du Mans, est désigné pour remplir les fonctions de Secrétaire.

Soulery, président. — Camarades, au nom de la colonie algérienne, me trouvant chargé de représenter dans ce Congrès la Bourse du Travail d'Alger et la Fédération des Cuisiniers, Pâtissiers, Confiseurs de France et des Colonies, je remercie sincèrement le Congrès d'avoir bien voulu me désigner pour la présidence.

De l'avis de plusieurs de nos camarades, il y aurait lieu de procéder à la vérification des mandats.

Plusieurs Membres. — Il faudrait procéder à la nomination d'une commission.

2 CORPORATIF

Après une suspension de séance, l'assemblée désigne six commissaires.

Le Président. — Je viens de recevoir une proposition du camarade Thierrard, de Reims, qui demande que les délégués réunis au Congrès de la Confédération, dans la ville de Toulouse, envoient leur salut de socialistes révolutionnaires aux vaillants lutteurs grévistes, les mécaniciens d'Angleterre, qui luttent pour leur droit à l'existence.

Je suis convaincu que nous sommes tous d'accord pour voter cette proposition par acclamation.

Adopté à l'unanimité.

La séance est levée à 10 h. 15 et renvoyée à 2 heures.

DEUXIÈME SÉANCE

LUNDI 20 SEPTEMBRE 1897 (Soir)

La séance est ouverte à 2 heures et demie, sous la présidence du camarade Soulery, qui donne lecture d'une dépêche de l'Union syndicale de Brest qui déclare que tous les membres envoient un salut fraternel aux délégués.

Soulery invite le Congrès à décider ce qu'il y a lieu de faire à propos des Secrétaires. Un et même deux Secrétaires ne peuvent pas assumer la responsabilité du compte rendu des opérations du Congrès. Il en faut trois ou quatre au moins.

Besset. — Je demande que ce soient quatre camarades de Toulouse qui soient désignés. Ils ont plus le temps que nous de s'occuper des procès-verbaux.

Danflous. — Il est de mon devoir de vous prévenir que les Toulousains ne doivent pas et ne peuvent pas assumer une semblable responsabilité.

Besset. — Il arrivera sûrement ce qui est arrivé au précédent Congrès : nous serons partis et les procès-verbaux ne seront terminés que longtemps après. C'est un travail très long.

Le Congrès désigne quatre Secrétaires qui s'occuperont de ce travail. Ce sont : les camarades Fournier, Rollau, Groq, Corbière.

Le Président donne lecture du procès-verbal de la séance du matin. Le Congrès l'adopte.

Les camarades Groq et Fournier remplissent les fonctions de Secrétaires pour la présente séance.

Maynier donne lecture du travail auquel s'est livrée la Commission chargée de s'occuper de la revision des mandats. Il ajoute ensuite qu'il serait désirable qu'à l'avenir, sur les mandats des délégués, figurât le timbre du Syndicat que chacun doit représenter. Il ne suffit pas d'une entête de lettre, il serait bon que le timbre du Syndicat figurât au bas du mandat à côté de la signature.

Nous ne doutons évidemment pas de la bonne foi des Congressistes; mais il importe, dans l'intérêt de tous, que les mandats soient parfaitement légalisés. En un mot, il ne faudrait pas qu'à l'avenir on puisse agir autant à la légère.

Le Président invite l'assemblée à s'entendre, au sujet des votes, pour savoir si les délégués présents ne doivent avoir droit qu'à une voix ; ou bien, s'ils sont porteurs de plusieurs mandats, ils doivent avoir la possibilité d'émettre autant de votes qu'ils ont de mandats.

Une longue discussion s'engage à ce sujet.

Roux estime qu'un mandat ne doit donner droit qu'à une seule voix.

Claverie expose qu'il y a certains Syndicats qui, pour des raisons quelconques, n'ont pu se faire représenter au Congrès, mais que, néanmoins, ils tiennent à ce que les propositions qu'ils ont à faire soient discutées et votées. Nous sommes obligés d'en tenir compte et, pour cela, il y a nécessité à permettre à ceux qui les représentent, quoique étant investis d'autres mandats, de nous soumettre les propositions.

Il faudrait qu'un délégué puisse émettre autant de voix que de votes, mais à condition qu'il ait reçu un mandat déterminé.

Laurens estime que si l'on élimine les propositions des Syndicats qui, n'ayant pu envoyer des délégués, ont chargé de les représenter les délégués d'autres corporations, cela peut être une cause de préjudice pour ces Syndicats. Ce qu'il y aurait de mieux à faire, ce serait, pour cette année, de procéder comme on l'a fait au Congrès de Tours et de décider qu'à l'avenir il n'y aura que les délégués présents qui pourront manifester leur vote.

Le Rapporteur. — Je fais observer, en passant, que nous

avons des camarades qui sont porteurs de vingt à vingt-cinq mandats.

Faberot. — A mon avis, toutes les corporations ont droit à être représentées par un homme digne de défendre leurs intérêts et il n'y a pas dans les décisions de la Commission d'organisation de clauses qui portent qu'un délégué qui représentera dix Chambres syndicales ne pourra en représenter qu'une et en éliminer neuf. Je ne vois pas la nécessité de priver les Syndicats qui n'ont pu envoyer des délégués, d'avoir une action virile dans le Congrès où ils demandent à être représentés. Si vous agissiez autrement, ce ne serait plus agir dans l'intérêt de la classe ouvrière. Toutes les propositions que cette classe peut nous soumettre, pourvu qu'elles soient justes, légales et affirmées par un mandat véritablement exact et incontesté, ont droit au vote. Si vous décidiez autrement, vous me feriez plaisir de me le dire de suite parce que je n'aurais qu'une chose à faire, me retirer immédiatement.

Plusieurs membres demandent la clôture.

Coignard, Lagailse et plusieurs autres délégués expliquent comment il s'est fait que diverses irrégularités se sont produites au sujet des mandats qui ont été examinés par la Commission chargée de la vérification.

Besset dit que dans l'ordre du jour, dans les convocations qui ont été adressées à tous les Syndicats, la Bourse du Travail de Toulouse aurait dû donner des explications à ce sujet, de cette façon chaque mandaire aurait su d'avance dans quelles conditions il serait admis à prendre part aux votes.

Pacotte. — Ayant fait partie de la Commission de vérifications, je puis affirmer, en réponse aux paroles prononcées par le citoyen Faberot et de précédents orateurs, que l'idée préconisée par la Commission dans son rapport n'est pas d'éliminer tel ou tel Syndicat, mais de bien faire ressortir le danger qu'il y aurait de laisser certains délégués, qui ont plusieurs mandats, voter et représenter autant de voix que comporte de cachets ces mandats collectifs. Et que, pour l'avenir, il y aurait un grand danger à procéder de la sorte, car, la plupart du temps, ces délégués ont, comme nous avons pu le constater, un mandat en blanc et par conséquent peuvent voter à leur gré sur telle ou telle proposition et faire tomber la balance du côté opposé à la majorité des Organisations représentées.

Briat dit qu'il ne faut pas enlever aux petits Syndicats qui ne peuvent pas envoyer de délégués la faculté d'être représentés ; il faut les respecter.

Riom. — Du moment que la circulaire qui nous a été adressée est muette, il y a lieu de s'en tenir à ce qui a été dit au Congrès de Tours. N'étant pas prévenus, les Syndicats ne pouvaient pas le deviner. En somme, vous le savez, tous les petits Syndicats ne peuvent pas disposer d'une somme de 150 ou 200 fr. pour être représentés par un délégué.

Si vous ne voulez pas que ceux qui ne peuvent pas dépenser ces 150 ou 200 fr. soient représentés, je vous le dis franchement : vous n'êtes pas des socialistes.

On ne nous a pas dit que ce serait un Congrès de Fédérations ; nous avons cru et compris qu'il s'agissait d'un Congrès de Syndicats.

Le Rapporteur. — Je fais observer que nous sommes ici quatre-vingts et qu'il y a deux cent trente mandats.

Le Président. — J'ai sous la main plusieurs ordres du jour : au lieu de laisser cette discussion s'éterniser, ce qui nous fait perdre du temps, mieux serait, je crois, de vous les faire connaître et de les mettre aux voix ; ou bien, on les mettra aux voix ensuite.

Voici le premier ; il émane des employés du Gaz, de Paris :

Les mandataires représentant plusieurs organisations distinctes auront droit à autant de voix qu'ils auront reçu de mandats précis sur la question discutée. Dans les autres cas, ils n'auront droit qu'à une seule voix.

Voici celui de **Bousquet (François)**, au nom de la Fédération des Chambres syndicales de la ville de Cette :

Le Congrès décide que seul les délégués présents auront droit à une voix, à moins que le délégué soit muni d'un mandat déterminé sur les questions portées à l'ordre du jour.

Le Président. — Je vous les fais connaître tous, vous déciderez ensuite quelles sont les conclusions de celui qu'il y a lieu d'adopter.

En voici un du délégué de Tours, **Moyse Coignard** :

Il déclare que si tous les Syndicats qui ont un mandat effectif ont voix délibérative, il abandonne ses mandats en ce qui concerne la Bourse du Travail et la Fédération des Syndicats ouvriers d'Indre-et-Loire, ainsi que ceux de la 92ᵉ section du Livre et des deux groupes de Chemin de fer, tout en déclarant représenter l'opinion des camarades de ces différentes sections.

Pacotte propose que :

Chaque fois qu'un Syndicat ne pourra se faire représenter à un Congrès il devra, après discussion dans son Organisation, envoyer au siège du Congrès des observations écrites et exprimant son vote sur la question.

Besset déclare :

Il ne peut pas y avoir de suprématie ; or, des délégués ayant plusieurs voix et d'autres une seule, les délégués s'étant prémunis de plusieurs mandats viendront toujours majorer les autres délégués qui, comme lui, ne sont délégués que par une Fédération locale composée de 29 syndicats mais ne sont mandatés que par la Fédération et n'ont qu'un seul mandat ; l'importance de ce mandat serait diminuée, les délégués ne votant qu'après discussion et, d'après ces discussions, peuvent modifier leur vote. Il n'y a donc lieu qu'à accorder une voix par délégué, sans tenir compte d'une question d'argent.

Ordre du jour du délégué de Reims :

La chambre syndicale de l'Union des Travailleurs, considérant qu'il est du devoir de tous les travailleurs d'affirmer leur volonté énergique de défendre leurs intérêts, engage toutes les organisations syndicales à se faire représenter directement dans les Congrès annuels ; de cette manière, les difficultés qui à chaque ouverture soulèvent un débat inutile, seraient exclues.

Riom propose que les votes aient lieu par mandats.

Le Président déclare qu'il est de cet avis.

Le délégué d'Angers demande que tous les votes soient faits par appel nominal, afin que les délégués ne puissent se dérober comme ils pourraient le faire avec le vote à main levée.

Meyer est d'avis qu'il faudrait procéder au vote par mandat, parce que chaque candidat doit garder son autonomie dans les votes.

Le Rapporteur. — Avant la mise au voix des divers ordres du jour dont il vient d'être donné lecture, je tiens à demander si ceux qui ont des mandats multiples ont l'intention de verser la petite somme de 1 franc, qui est due par chaque Syndicat.

PLUSIEURS VOIX. — Evidemment et ce n'est qu'à cette con-

dition qu'ils pourront prendre part aux votes et ils devront
verser autant de fois 1 franc qu'ils représenteront d'Organisations.

Le Président. — Comme conclusion à toute cette discussion,
voici l'ordre du jour qui me semble devoir être adopté par le
Congrès :

Les votes auront lieu par mains levées et, par conséquent, par
délégué, à moins que le vote par appel nominal soit demandé par
dix délégués.

Dans ce cas, les délégués auront autant de voix qu'ils auront de
mandats déterminés.

Cet ordre du jour est signé par les camarades Pacotte,
Guérard, Fournier.

Le Congrès adopte.

Après un échange d'observations entre divers membres, au
sujet des divers ordres du jour dont il a été donné lecture,
le Président donne la parole au rapporteur pour la lecture de
la liste d'appel qui comprend les noms maintenus par la
Commission de vérification des mandats et les Organisations.

L'ensemble des mandats est mis au voix. — Adopté.

Seigné a la parole.

Le Conseil municipal de Paris avait voté 5.000 francs pour
l'envoi de 25 délégués ici, le Ministre de l'Intérieur a cru
devoir supprimer cette subvention. D'un autre côté, les travailleurs municipaux de Paris avaient demandé qu'un congé
soit accordé à celui que l'on désirait déléguer. Le Préfet de la
Seine a refusé. Je vais vous lire la protestation des Syndicats
du département de la Seine :

Lettre ouverte au Préfet de la Seine

Paris, le 14 septembre 1897.

A Monsieur le Préfet de la Seine, à l'Hôtel-de-Ville

Monsieur le Préfet,

L'Union des Syndicats de la Seine a l'honneur de protester de
la façon la plus énergique contre la mesure que vous avez prise
à l'égard des Travailleurs municipaux qui, ayant été désignés
par leurs camarades pour assister au Congrès national corporatif
ouvrier de Toulouse, qui a lieu cette année du 20 au 25 septembre courant, se sont vu refuser par leurs chefs hiérarchiques

et ce, sur vos ordres, le congé qu'ils avaient régulièrement demandé.

L'Union des Syndicats est d'autant plus étonnée de cette mesure, Monsieur le Préfet, que l'année dernière déjà notre camarade Copigneaux ayant demandé un congé pour aller au congrès de Tours, avait reçu l'assurance de son chef qu'il l'obtiendrait comme ses camarades cette année-là et les précédentes ; cependant, notification du refus parvint deux jours après son départ au Congrès et, à son retour, il se vit infliger une mise à pied, ce qui vous motiva une interpellation du Conseil municipal, lequel, en vous blâmant, vous invitait à rapporter cette injuste punition.

L'Union considère d'autre part, et c'est ce qui motive sa protestation, que les Syndicats des travailleurs municipaux, comme les autres syndicats admis à la Bourse du Travail, se sont engagés à se conformer aux prescriptions des décrets et règlements qui la régissent. Or, l'article 5 du règlement du Conseil municipal dit : « Les Organisations admises à la Bourse du Travail s'administrent librement, sans aucune immixtion de l'administration ; elles prennent telles dispositions qui leur paraissent utiles pour l'organisation des travailleurs au point de vue tant des salaires que du chômage, pour leur participation aux Congrès ouvriers et pour leurs délégations auprès d'autres groupements ouvriers, afin de se tenir au courant de tout ce qui peut intéresser le marché public du travail ».

L'Union des Syndicats est obligée de constater que non-seulement vous violez la loi du 21 mars 1884, mais encore que décrets et règlements régissant la Bourse du Travail sont violés par vous, Monsieur le Préfet, qui avez à charge de les faire respecter, puisque vous refusez aux délégués des Syndicats des Travailleurs municipaux le congé qu'ils avaient régulièrement demandé ; lesdits Syndicats ne peuvent donc par conséquent participer aux Congrès ouvriers par l'envoi de délégués.

L'Union des Syndicats aime à croire qu'il lui aura suffi de vous rappeler l'article 5 de ce règlement, que vous semblez ignorer, pour que vous vouliez bien accorder à ces camarades le congé qu'ils ont sollicité.

Recevez, Monsieur le Préfet, l'expression de nos sincères salutations.

Pour l'Union des Syndicats et par ordre :

Le Secrétaire : A. BAUMÉ.

Le Président. — Je crois que le Congrès est unanime à approuver cette protestation.

Marques unanimes d'assentiment.

Sur la proposition d'un délégué, l'assemblée vote des félicitations aux Travailleurs municipaux qui, en dépit du refus de la subvention qu'on aurait dû leur accorder, ont su prendre des dispositions pour pouvoir venir assister au Congrès.

Soudan, de Paris, explique que s'il se trouve présent c'est parce qu'il n'a pas, comme d'habitude, pris son congé annuel, et qu'il s'était arrangé pour être libre en ce moment.

Le Président. — Je reçois, avec prière de la mettre aux voix, la proposition suivante :

Le Mans propose qu'avant d'entreprendre l'ordre du jour du Congrès les mandats des organisateurs soient remis entre les mains des délégués chargés de les représenter, afin qu'ils puissent prendre note des indications qu'ils doivent suivre.

Cette proposition, mise aux voix, est adoptée.

Girard propose au Congrès de décider que les procès-verbaux des séances du Congrès seront faits tous les jours et imprimés.

Le Président. — Il faudrait, dans ce cas, que chaque délégué prenne l'engagement de décharger le bureau d'un certain nombre de brochures; il faudrait, en un mot, que chaque camarade dise quel sera le nombre de brochures qu'il prendra.

La Commission d'organisation ne peut pas supporter tous les frais. Il faut être fixé pour pouvoir dire à l'imprimeur quel est le nombre d'exemplaires qui nous est nécessaire. Je sais bien que certains peuvent objecter qu'ils n'ont pas mandat pour cette dépense, mais il me semble qu'aucun de vous ne peut refuser de s'inscrire au moins pour une brochure pour le Syndicat.

Guérard. — L'année dernière, à Tours, on a chargé les organisateurs du Congrès de faire une brochure, puis une fois que le travail a été fait et imprimé en un nombre considérable de brochures, la Bourse a eu 7 ou 800 francs de déficit. Ici, pour Toulouse, on propose de faire la même dépense; aussi étant donné ce que je viens de dire, je pense que nos camarades seront d'avis de prendre l'engagement auquel les invite le Président.

Sur la proposition du **Président** une suspension de séance a lieu afin de permettre à chaque délégué de venir s'inscrire au bureau pour le nombre de brochures qu'il pense pouvoir écouler.

La séance est suspendue à 4 heures et demie.

A 5 heures, la séance est reprise.

Coignard, de Tours, informe les membres du Congrès qu'il tient à leur disposition un certain nombre de brochures du Congrès de Tours. Tous les vœux émis à ce Congrès y figurent. Cette brochure, qui a coûté très cher au Comité d'organisation et qui lui a causé un déficit de 600 francs, sera livrée à 0 fr. 50 centimes. Si plusieurs congressistes en prennent, ce sera un petit dédommagement.

Le Président. — Il est certain que chacun doit faire ce qu'il peut pour décharger les camarades de Tours.

Thierrard, de Reims, propose qu'une réunion publique soit organisée à Toulouse pour établir l'équilibre dans le budget de la Bourse de Tours.

Ce serait nécessaire, étant donné surtout que le déficit est occasionné par la mévente des brochures de ce Congrès.

Le Président. — Je crois que tous les membres du Congrès prendront cette proposition en considération.

La proposition est adoptée et renvoyée à la Commission d'organisation pour l'étude de ladite conférence.

Poujet. — Tout à l'heure on a proposé de voter un blâme à l'adresse du Préfet de la Seine.

Il me semble que ce serait un blâme bien anodin. Nous savons, en effet, que les blâmes n'aboutissent à rien. Il faudrait, il me semble, entrer dans l'action et en tout répondre du tac au tac, à une gifle par un coup de pied, chaque fois qu'une personne quelconque fait quelque chose contre les travailleurs. Aussi je fais la proposition suivante :

Le Congrès, reconnaissant qu'il est superflu de blâmer le gouvernement qui est dans son rôle en serrant la bride aux travailleurs, engage les travailleurs municipaux à faire 100,000 francs de dégâts dans les services de la ville de Paris pour récompenser M. de Selves de son *veto*.

Sourdan proteste contre cette proposition.

Le Congrès n'est pas d'avis de prendre en considération la proposition Poujet.

L'auteur de la proposition insiste, disant qu'il y a lieu cependant de se souvenir qu'au Congrès des chemins de fer il a été dit qu'un seul homme, avec deux sous d'une marchandise quelconque, pouvait empêcher une machine de fonctionner et pouvait arrêter la circulation.

Pinel. — Je combats ce que vient de demander le camarade.

Je ne me reconnais pas le droit de donner des ordres de ce genre aux employés des services municipaux de la ville de Paris.

L'ordre du jour pur et simple est demandé et adopté.

On passe à l'ordre du jour.

Fournier. — Il a été décidé à Tours que nos réunions seraient absolument publiques. Toutes nos discussions, en effet, doivent avoir lieu au grand jour. Nous voulons que tous les ouvriers syndiqués puissent assister à nos séances, mais il serait bon qu'un contrôle soit tout de même fait à la porte, car il peut se dire ici des choses que les syndiqués doivent connaître mais qui n'ont pas besoin d'être entendues par des employés de la préfecture, par la police et certains autres.

Je demande qu'un contrôle soit exercé.

Renvoyé à la Commission d'organisation.

Le Président. — Et la presse? Est-elle admise?

Fournier. — Les membres de la presse sont mandatées pour suivre nos débats. Ils doivent, à mon avis, être admis.

Cette proposition est mise aux voix. — Adoptée.

Thierrard. — Je pose de nouveau la question au sujet de la conférence de Toulouse, au bénéfice de la Bourse du Travail de Tours.

Le Président. — Il a été convenu que cette conférence sera organisée. Il faut laisser s'occuper des détails ceux de nous qui en seront chargés.

Thierrard. — Il ne faudrait pas qu'elle ait lieu le jour de la clôture du Congrès.

Groq. — J'estime qu'il y a lieu de prendre une décision que consiste à discuter d'abord sur les questions figurant à l'ordre du jour. Celles qui n'y figurent pas seront discutées ensuite par ordre numérique.

Cette proposition est adoptée.

Danflous a la parole et donne lecture du travail auquel s'est livré le Comité d'organisation à propos des Syndicats ou Sections que chaque délégué représente.

Ce tableau nominatif est approuvé.

Le Président. — J'ai reçu du camarade Girard un ordre du jour de la Chambre syndicale des employés des Omnibus de la ville de Paris. Voici comment il est libellé :

Je demande que la question de la Retraite Ouvrière, qui est certainement une des questions les plus importantes, prenne la tête de l'ordre du jour

On procède au vote. — Repoussé.

Girard. — Je proteste, au nom du Syndicat des omnibus, contre ce vote.

Le Président. — Je crois que pour la bonne marche des affaires, nous devrions procéder à la nomination des Commissions. De combien de membres désirez-vous qu'elles soient composées ?

Le Congrès, consulté, décide qu'il y aura 7 membres par Commission, mais qu'il sera loisible à ceux qui n'en font pas partie de se faire inscrire pour qu'ils puissent assister aux réunions des Commissions qui les intéressent.

Le Président. — J'ai à mettre aux voix la proposition du camarade **Seigné,** qui consiste en la réunion des articles premier et 4ᵉ de l'ordre du jour du Congrès en une seule question. — Adopté.

La parole est donnée à **Pinel,** qui propose, avant la nomination des Commissions, d'inviter le citoyen Capjuzan à porter devant le Congrès des Chambres syndicales, les décisions du Congrès de la Fédération des Bourses du Travail de France et des Colonies qui lui en a donné mandat.

Danflous et le secrétaire du Comité de la Fédération des Bourses du Travail, qui se trouve assister à la séance, répondent au citoyen Pinel qu'il fait erreur et lui donnent des explications.

Pinel se déclare satisfait.

Les délégués d'Angers demandent que les Commissions soient nommées par voie du tirage au sort.

Cette proposition est repoussée.

Dumas et **Pinel** proposent que les délégués de la Fédération des Bourses du Travail se réunissent pour nommer officiellement leur délégué au Congrès corporatif, à seule fin qu'il n'y ait pas d'équivoque. — Adopté.

Le Congrès décide aussi que la même Commission étudiera les questions portées aux articles 6 et 7.

Même décision pour les articles 9 et 11.

Le Président. — Il y a dix commissions à nommer. Nous allons procéder au vote.

Voici les **résultats** pour la composition des Commissions :

1ʳᵉ **Question.** — Briat, Grentzel, Braun, Capjuzan, Riom, Seigné, Thierrard.

2ᵐᵉ **Question.** — Hamelin, Rancoul, Gandon, Maison, Garcin, Goillandeau, Roger, Ribrac, Neyron.

3me **Question.** — Cumora, Richart, Renaudin, Rion, Delesalle, Thierrard, Coignard.

4me **Question.** — Laurens, Chiron, Girard, Capjuzan, Galantus, Reitz, Maynier, Neyron.

5me **Question.** — Besset, Lefèvre, Renaudin, Danflous, Maison, Chiron, Demange.

6me **Question.** — Pinel, Ch. Bousquet, Seigné, Corbière, Rancoul, Laurens, Faberot.

7me **Question.** — Claverie, Dumas, Danflous, Benesech, Robert, Bourges, Pacotte.

8me **Question.** — Bernadac, Dax, Pouget, Cumora, Narcisse, Richer, Besset, Delesalle.

9me **Question.** — Fournier, Bollan, Soulery, Barlan, Meyer, Girard, Guérard.

10me **Question.** — Roger, Faberot, Reitz, Capjuzan, Braum, Pinel, Gidel.

Le Président met aux voix la proposition suivante, émanant de l'Union des Syndicats de la Seine :

Considérant que les paragraphes 1 et 2 de la première question et les paragraphes 1 et 2 de la 4me question sont connexes et entrent dans la première question à l'ordre du jour du Congrès national corporatif, le Congrès décide de joindre ces deux questions en une seule.

Adopté.

Le Président. — Il reste entendu que tous ceux qui s'intéressent aux travaux d'une Commission dont ils ne font pas partie peuvent se faire inscrire et y assister. C'est même ce qu'il y a de mieux à faire.

Sur la proposition de **Chiron**, de Brest, on procède à la statistique qui donne un total de 1,316 Organisations corporatives ou Syndicats professionnels.

Le Président invite le Congrès à procéder à l'élection des membres qui, demain, composeront le bureau.

Résultats des votes : Guérard, président; Renaudin et Lemaître, assesseurs.

La séance est levée à 6 h. et demie et la prochaine fixée à demain 9 heures.

TROISIÈME SÉANCE

MARDI 21 SEPTEMBRE 1897 (Matin)

La séance est ouverte à 9 heures du matin.

Président Guérard ; assesseurs : Renaudin et Lemaître.

Souléry propose tout d'abord, au sujet des vœux et des propositions nouvelles non inscrites à l'ordre du jour, que la dixième Commission se chargera de leur étude.

La proposition Soulery est adoptée.

En attendant qu'un registre de présence soit placé à l'entrée, il est procédé à l'appel nominal.

L'appel nominal accuse comme *absents* : Dax, Gidel, Mercier ; *excusés* : Fournier, Reitz.

Il est donné lecture du procès-verbal de la dernière séance.

Sur les observations présentées au procès-verbal, il est décidé que les rectifications devront être notifiées par écrit, signées et parvenir au bureau où le Secrétaire en tiendra compte.

Grentzel dit qu'étant donné que des transpositions ont été faites à l'ordre du jour du Congrès il serait utile qu'à la suite des noms des membres des Commissions on indique le titre de cette question.

Le procès-verbal est adopté avec les rectifications qui se sont produites.

Lagaise donne lecture du rapport moral de la Confédération générale du Travail.

RAPPORT DU CONSEIL NATIONAL

AU 9ᵉ CONGRÈS NATIONAL CORPORATIF

(3ᵐᵉ Congrès de la Confédération générale du Travail)

RAPPORT MORAL

CAMARADES DÉLÉGUÉS,

Conformément à l'article IV, paragraphe 3 des statuts de la Confédération générale du Travail, nous avons l'honneur de vous faire un exposé de notre gestion.

A la suite du VIIIᵉ Congrès national corporatif de Tours (septembre 1896), continuant l'œuvre du Congrès de Limoges qui avait reconnu l'utilité d'une grande organisation centrale des forces économiques du Prolétariat, le Conseil national s'est empressé de rassembler toutes les forces dont pouvait disposer la Confédération générale du Travail dans les limites que lui avait tracé ledit Congrès, c'est-à-dire les divers groupements corporatifs prévus à l'article premier de ses statuts.

Après avoir fait appel aux Organisations adhérentes qui mandatèrent leurs délégués, le Conseil national constitua son bureau qui fut ainsi formé :

Secrétaire général : LAGAILSE, des Chemins de fer.

Secrétaire général adjoint : COPIGNAUX, des Travailleurs municipaux.

Trésorier général ; KEUFER, de la Fédération du Livre.

Trésorier général adjoint : GARCIN, de la Fédération des mouleurs en métaux.

Archiviste : BÉNI, des Travailleurs municipaux.

Les organisations adhérentes et représentées au Conseil national étaient les suivantes :

Fédération nationale des ouvriers Métallurgistes de France.
Fédération des ouvriers et employés de la Compagnie du Gaz.
Fédération nationale des Cuirs et Peaux.
Fédération nationale du Livre.
Fédération nationale des Mouleurs en métaux.
Fédération des Travailleurs municipaux.
Fédération des Employés.
Fédération nationale du Bâtiment.
Fédération du Cuivre et parties similaires de Lyon.
Fédération locale de Rennes.
Fédération du Cher.
Union fédérative de Tulle.
Cercle corporatif des ouvriers Mécaniciens.
Union des Syndicats de Paris et du département de la Seine.
Syndicat national des Chemins de fer.
Syndicat des employés de la Compagnie des Omnibus.
Syndicat des ouvriers en Instruments de précision.

Ces diverses organisations, bien que représentant une grande force pour la lutte économique que nous avions pour mission d'engager envers le capital exploiteur, n'étaient pas ce que nous devions espérer pour opposer une masse à l'ennemi du prolétariat. Aussi fut-il décidé qu'un appel pressant serait adressé aux organisations que le Congrès de Tours avait désignées pour venir se grouper dans la Confédération générale du Travail.

A la date du 1er décembre, nous adressâmes à ces Organisations ouvrières la circulaire suivante; laquelle contenait, en outre, les statuts de la Confédération générale du Travail :

Paris, le 1er décembre 1896.

AUX ORGANISATIONS OUVRIÈRES DE FRANCE

CITOYENS TRAVAILLEURS,

Le Congrès de Tours, où étaient représentées 826 Chambres syndicales, après avoir de nouveau affirmé la nécessité de grouper dans la Confédération générale du Travail toutes les forces ouvrières organisées, a laissé au Conseil national le soin de diriger et de donner l'impulsion nécessaire pour la pratique de la solidarité prolétarienne, afin de lutter plus efficacement contre l'ennemi commun, c'est-à-dire l'exploiteur, détenteur du capital et des moyens de production.

C'est, en effet, contre cet ennemi qu'il est indispensable pour la classe ouvrière de réagir, si elle ne veut pas s'affaisser sous le poids des forces coalisées de toute la réaction, représentée par le veau d'or.

Que peut donc faire le capital sans le travail? Rien!

Les travailleurs possèdent tout : valeur intellectuelle et matérielle, qui ne peut les servir avec efficacité que sous la forme de l'association des métiers qu'ils professent.

Or, jusqu'à ce jour, malgré les exemples de solidarité que les capitalistes professent entre eux, une grande partie des travailleurs restent indifférents à l'association de leurs forces.

C'est pour combattre cette indifférence et unifier les forces déjà organisées, que le Congrès de Tours a décidé la création d'un journal quotidien dans lequel toutes les aspirations ouvrières seront mises au grand jour, et qui dévoilera les abus patronaux.

Tous les travailleurs doivent avoir à cœur de prendre part à cette grande lutte qui doit nous affranchir de l'asservissement dans lequel nous vivons. Montrons à tous ceux qui restent indifférents, par la crainte des répressions des capitalistes qui les emploient, que la Confédération générale du Travail par ses forces organisées, assurera la liberté du travail.

Adhérez donc hardiment à vos Syndicats respectifs. Fondez-en ou il n'en existe pas. Fédérez-vous nationalement à l'industrie que vous représentez, pour que dans la Confédération générale du Travail la même clameur s'élève contre ceux qui nous exploitent politiquement et économiquement.

Sachez-le bien, citoyens, et que les esprits éclairés le répètent partout : que la misère grandira chaque jour de plus en plus, que l'ordre social actuel crée un antagonisme d'intérêts, non-seulement entre le producteur et l'exploiteur, mais entre les exploiteurs eux-mêmes, au détriment des travailleurs.

Cette concurrence, qui ruinera les uns et comblera les autres de richesses, nous réduira à l'état d'esclave par ce seul fait que la fortune nationale sera détenue dans quelques mains qui, nous l'ayant dérobée, feront tout pour nous rendre à leur merci.

Ces détenteurs criminels de la fortune publique nous écraseront infailliblement et impitoyablement.

Il faut que nos forces organisées répondent victorieusement à toutes les attaques, et qu'avec le nombre qui est la force, les travailleurs reprennent l'offensive en obligeant les Pouvoirs publics à mettre un frein aux exactions et crimes capitalistes, par la nationalisation des instruments de travail et des moyens de production, au profit de la collectivité,

Aussi, le Conseil national, conformément aux décisions des Congrès de Limoges (1895), Tours (1896), et afin que dans toute la France le monde du travail salarié sache que la Confédération générale du Travail n'a qu'un seul but : d'unir tous les travailleurs sans préférence d'opinion, de faire éclater la vérité et d'abriter sous sa rouge bannière toutes les victimes de l'exploitation pour poursuivre, d'un commun accord, la suppression de l'exploitation de l'homme par l'homme, seul moyen d'établir entre les êtres humains l'harmonie que commande la civilisation.

Pour que cette œuvre civilisatrice prenne tout son essor, que dans chaque commune, canton et département, tous les travailleurs s'organisent pour la lutte sociale ; que chacun fasse abnégation de tactique personnelle pour que l'action économique trouve unis tous les combattants.

A cet effet et pour le salut des intérêts généraux de la classe ouvrière, le Conseil national de la Confédération générale du Travail adresse un chaleureux appel à tous les exploités, déjà unis dans les Syndicats, Bourses du Travail et Fédérations locales et nationales, et espère que chaque organisation, dans le plus bref délai, répondra aux circulaires qui lui seront adressées et se fera représenter au Conseil national.

Vive l'émancipation des travailleurs !...

Pour la Confédération générale du Travail :

LE CONSEIL NATIONAL.

Notre appel, il faut le dire, fut vain ! Les Organisations dont les déléguées au Congrès de Tours avaient en quelque sorte apporté leur adhésion en principe ne se prononcèrent pas, ce qui fait que les délégués des Organisations adhérentes étaient en nombre insuffisant pour établir des Commissions, conformément à nos statuts.

Il nous fallut alors aller au plus pressé dans la mission qui nous était confiée.

Nous savions, en effet, que pour sortir de cette torpeur où semblent s'endormir les travailleurs, que pour leur donner l'éveil, il fallait lancer cette gigantesque idée du journal du prolétariat, dont le Congrès avait voté la création.

Pour développer cette idée, il ne fallait pas compter sur la presse qui, ne voyant là que de la concurrence, nous était peu sympathique. Nous ne pouvions que faire appel aux journaux corporatifs et c'est ce qui fut fait.

Après avoir convoqué tous ces organes du Travail, chacun pro-

3 CORPORATIF

init son concours dans la force de ses moyens de publication. Le Conseil national est heureux de profiter de cette circonstance pour les en remercier.

Nous aurions voulu pouvoir vous donner quelques-uns des articles publiés par ces divers organes, pour démontrer que lorsqu'il s'agit d'un principe, les travailleurs n'ont pas besoin de faire appel aux professionnels de presse pour traiter la question de main de maître. Cependant, nous croirions manquer à notre devoir si, dans ce rapport, nous ne citions pas le titre de ces journaux du Travail.

Permettez-nous donc de les mettre en vedette, ce sont :

Le Réveil des Mouleurs.

Le Réveil des Travailleurs de la voie ferrée.

Le Bulletin officiel de la Fédération nationale des Ouvriers Métallurgistes.

L'Echo des Travailleurs municipaux.

Le Travailleur du Bâtiment.

Le Journal des Ouvriers Plombiers, Couvreurs, Zingueurs.

Le Facteur des Postes.

L'Ouvrier Chapelier.

Le Réveil de la mécanique.

La Typographie française.

L'Union des ouvriers Mécaniciens.

Le Bulletin officiel de la Bourse du Travail de Tours.

Le Progrès des Cuisiniers.

Pour faire suite à tous les articles publiés par ces organes amis, à la date du 1er décembre nous adressions aux Organisations ouvrières la circulaire suivante :

Paris, le 1er décembre 1896.

AUX ORGANISATIONS OUVRIÈRES DE FRANCE

Depuis longtemps nous avons compris qu'il manquait à l'Organisation ouvrière la publicité, l'appui moral et la force que donne le journal. Un grand journal lu par nous tous, répondant à nos besoins de lutte, serait le plus complet des quotidiens à 5 centimes tout en étant l'organe officiel du monde du Travail. Or, le moment d'agir est venu. Les travailleurs syndiqués sont un nombre considérable : plus d'un million ! (statistique officielle), et l'union de tous les travailleurs, d'opinions politiques différentes sur un même programme économique, peut permettre la création d'un journal qui, sagement et prudemment conçu, deviendra entre nos mains une source de revenus, et affermira définitivement la puissance du prolétariat.

Dans ces conditions, les délégués des Syndicats et Organisations ouvrières, réunis en septembre dernier au Congrès corporatif de Tours, crurent devoir s'arrêter tout particulièrement à cette question d'un organe quotidien.

Différents projets y furent discutés, et l'Assemblée adopta, à l'unanimité des suffrages moins trois voix, le rapport de la Commission, c'est-à-dire un programme de journal des plus pratiques et qui offrira au prolétariat des avantages considérables.

Il importe donc de se mettre immédiatement à l'œuvre et d'assurer la vie et la prospérité de l'entreprise. Le succès est certain et dépassera ce qu'on en espère, si nous pouvons compter sur le concours des camarades et si les Syndicats prennent notre projet à cœur avec cette volonté persévérante, ce dévouement enthousiaste et cette solidarité absolue dont ils ont déjà donné tant de preuves.

Nous ne demandons aucun sacrifice pour aboutir, mais simplement de la bonne volonté. En effet, il n'est point de travailleur qui ne lise, en dehors de son journal corporatif, un quotidien d'un sou. Nous choisisson celui qui répond le mieux à nos opinions, mais aucune publication actuelle ne nous plaît formellement, et nous nous contentons d'un « à peu près ».

Il est évident que nous avons besoin d'un journal qui convienne, dans ses grandes lignes, à la totalité des travailleurs, qui soit l'organe des revendications ouvrières : un organe complet, intéressant, bien informé et conçu de telle sorte qu'aucune polémique politique ne puisse s'y engager, afin qu'il ne soit jamais, sous aucun prétexte, une cause de dissension entre nous.

Un tel journal remplacerait avantageusement, et à tous les points de vue, le quotidien que nous lisons chaque jour et donnerait satisfaction à tous.

La difficulté est de l'établir sans capitaux, puisque nous sommes décidés à repousser toute ingérence, tout concours étranger, et à prendre seuls la direction de l'Organisation; difficulté facile à résoudre si tous les militants apportent leur sou à l'organe des travailleurs, plutôt que de faire vivre certaines feuilles qui, par tous les moyens, s'enrichissent, sans se soucier des intérêts des travailleurs, leur principale clientèle.

Nous adressons donc un pressant appel aux Syndicats pour recruter un contingent de lecteurs qui deviendrait, sous leur contrôle, une clientèle stable, sûre, d'abonnés.

Nous aurons accompli une œuvre grandiose qui sera l'édifice du prolétariat. A notre tour, nous pourrons exposer librement au pilori les traîtres et les exploiteurs qui auront tenté d'étouffer notre clameur.

Le Conseil National.

Malgré les engagements pris par tous les délégués du Congrès de Tours, cet appel ne donna pas tous les résultats qu'on était en droit d'attendre.

Certaines Organisations apportèrent un faible nombre de souscriptions.

Il faut le dire, car une fausse modestie serait mal placée dans cette circonstance. Les Organisations qui par leurs délégués furent les plus chaudes à défendre en Congrès la création de cet organe, furent de celles qui ne donnèrent aucun signe de vie.

Nous ne voulons pas faire ici de personnalité, mais il nous sera permis de dire, et pour l'édification des Organisations qui seront présentes au Congrès de Toulouse, qu'il ne suffit pas lorsqu'on est dans un Congrès de se proclamer partisan de telle ou telle proposition qui, une fois adoptée, s'impose à tous les militants, considérer sa tâche comme étant accomplie; il faut encore suppléer de toutes ses forces et par tous les moyens ceux qui ont un mandat dicté par les décisions prises. A notre grand regret, nous déclarons que ceci n'a pas été fait.

Mais à côté de cela, et nous devons dire à la gloire du prolétariat, il est des Organisations qui se sont pénétrées de cette œuvre et des avantages qu'il pouvait en résulter, ont centralisés leurs efforts.

Au rang d'honneur il est de notre devoir de les signaler :

La Chambre Syndicale de l'Union des Ouvriers Métallurgistes de l'Oise, en apportant trois cents abonnements, met trois mille francs à la disposition de la Confédération, à titre de prêt, sans intérêt, ni date de remboursement...................... 3,000 fr.

L'Union Syndicale des Ouvriers Métallurgistes de Fourchambault (Nièvre), cent francs, au même titre. 100 fr.

Syndicat des Jardiniers municipaux de la ville de Paris... 100 fr.

Syndicat des Chemins de fer de France et des Colonies.. 500 fr.

Fédération des Mouleurs en fer..................... 500 fr.

Syndicat des Mouleurs en cuivre de Paris........... 500 fr.

Voulant donner une nouvelle impulsion à l'aide de Syndicats parisiens, le Conseil national résolut de faire une grande réunion à la Bourse du Travail de Paris en y conviant toutes les Organisation ouvrières.

Toutes les mesures furent prises et ce manifeste leur fut adressé :

APPEL

Aux Travailleurs de Paris et du département de la Seine

CAMARADES,

Les délégués des Syndicats et Organisations ouvrières, réunis au Congrès corporatif de Tours, en septembre dernier, ont adhéré à l'idée de la création d'un journal quotidien qui soit l'organe direct et sincère des revendications des travailleurs.

Aujourd'hui, Camarades, que la Confédération générale du Travail groupe en faisceau les Associations et Syndicats disséminés sur la surface du territoire, il est urgent que cette Organisation centrale synthétise l'idée qu'elle représente par un journal qui soit l'expression quotidienne des aspirations de chaque groupe, en même temps que la vulgarisation des moyens susceptibles de les mettre en pratique.

L'étude économique en est faite, et, de toute la France entière, l'approbation en est venue. Il est temps d'en venir aux résultats. Les réunions corporatives ne suffisent plus à la diffusion de nos idées; il n'existe pas de salles assez grande pour contenir le million de travailleurs syndiqués qui, désormais, comprennent leur force. Or, un journal comme celui que nous entendons créer, sera lu non seulement par ceux qui ont intérêt à son existence, mais par tous ceux qu'intéresse, même platoniquement, le grand spectacle des foules en marche sur les routes de l'avenir.

Notre journal doit vivre et nous aider à vivre ; en même temps qu'un moyen d'affranchissement du travail, il doit être une source de bénéfices, une canalisation de capitaux en réserve, en même temps qu'une force d'idées.

En conséquence, nous avons décidé qu'une réunion publique aurait lieu pour discuter contradictoirement et exposer le projet de cet organe.

Cette réunion aura pour principal objet de faire autour de cette œuvre une publicité qui lui serve de propagande, car il convient de passer, sans autre délai, de la conception du principe à la réalisation du but à atteindre.

Cette réunion aura lieu le dimanche 30 mai, à deux heures du soir, salle des réunions de la Bourse du Travail, 3, rue du Château-d'Eau (place de la République).

Nous comptons, camarades, que les Organisations ouvrières comprendront tout leur devoir et viendront en foule pour manifester en faveur de cette idée qui sera la pierre fondamentale de la revendication de nos droits.

LE CONSEIL NATIONAL.

Les citoyens J. Jaurès, Sembat, Vaillant, Guesde, Clovis Hugues, députés; Allemane, Guérard, Boisson, Seminel, Lelorrain, Marck et Lagailse, prendront la parole.

Vous remarquerez que dans cette réunion les militants du travail devaient prendre la parole, mais encore les hommes politiques les plus en vue.

A ce sujet nous devons fournir des explications :

L'idée de création du journal ouvrier avait déjà eu sa repercussion dans les milieux politiques. Certains leaders, entr'autres Jean Jaurès, dans La Lanterne, en avait parlé d'une façon favorable.

En outre, dans certains milieux, on avait propagé la création de divers journaux dévoués à l'émancipation ouvrière, mais n'appartenant pas en propre au prolétariat.

Si notre action s'était basée seule sur les vues que pouvaient émettre nos camarades du Travail, il en serait certainement résulté une critique, et on aurait assurément donné à entendre que nous avions craint la discussion. Aussi, après avoir adressé à chacun des chefs des groupes politiques un compte rendu des travaux du Congrès national de Tours, lequel comportait, dans son entier, le rapport de la Commission du journal, nous avons engagé ces citoyens à venir y exposer leur opinion personnelle. Cette réunion était fixée au 30 mai, à deux heures de l'après-midi, Bourse centrale du Travail.

Monsieur Barthou, de son métier ministre de l'intérieur, qui voyait cette œuvre d'un mauvais œil (cela se comprend) et pressé par ses conseillers, attendit la dernière heure et nous fit aviser par le régisseur de la Bourse que la grande salle qui nous avait été promise (récépissé nous avait été délivré) nous était retirée.

Le Conseil national, bien qu'ému de cette décision, mais ne voulant pas que cette mesure puisse faire avorter sa réunion, prit les dispositions nécessaires et elle eut lieu quand même, salle du Commerce (faubourg du Temple), au jour et heure précédemment indiqués.

Notre protestation eut un écho par une interpellation au Conseil municipal, où ladite mesure prise à l'égard de la Confédération générale du Travail motiva un blâme qui fut voté à une grande majorité.

Il est inutile d'ajouter qu'à notre réunion et à l'unanimité un ordre du jour des plus vifs avait condamné cette violence de la loi de 1884 sur les libertés syndicales.

La Confédération générale effrayait nos dirigeants. Ils pressentaient que cette Organisation, appelée à centraliser toutes les forces du Travail, allait devenir pour eux un antagoniste puissant.

Et puis n'était-ce pas elle qui avait fait les premières démarches pour amener Tom Mann à Paris. Cependant, la Confédération générale du Travail était dans son rôle !

Les ouvriers des ports et de la navigation de France voulaient fonder une Fédération nationale pour les revendications de leurs droits. La Confédération pressentie jugea que pour mener rapidement et à bien cette création il y avait lieu de faire appel à un camarade appartenant à une grande Organisation de cette profession. Tom Mann était tout désigné pour cette besogne, lui le président de la Fédération des Dock et Rives Workers, d'Angleterre.

Le Conseil national vota les fonds nécessaires pour son voyage à Paris.

Bien que le gouvernement sache pertinemment que la venue de ce camarade anglais n'avait d'autre but que celui du groupement syndical, il n'hésita pas à le faire appréhender au corps et en vertu d'un mandat d'expulsion le faisait conduire à la frontière, faisant pour lui comme pour le camarade Mac Therson, son devancier dans l'œuvre économique.

Malgré cela, le gouvernement n'a pas éteint l'idée de ce groupement car à cette heure la Fédération des ouvriers des ports et de la navigation est en bonne voie d'organisation.

Pendant l'année qui vient de s'écouler, le Conseil national souvent consulté par plusieurs Organisations de province, a fait tout son possible pour les amener à leur Fédération.

Enfin, le Syndicat des mineurs de Pont-Scan (Ille-et-Vilaine), fort d'un millier d'adhérents, est venu faire son adhésion à la Confédération.

Plusieurs Fédérations en instance de groupement ont fait appel à notre intermédiaire et à cette heure nous avons le ferme espoir que, bientôt constituées, elles viendront grossir notre armée.

L'heure des Congrès arrivait et nous faisions des démarches pressantes auprès du Comité d'organisation du Mans pour lancer notre appel au Congrès national corporatif de 1897.

Nos camarades de la Bourse du Travail de cette ville, qui s'étaient engagés à faire le nécessaire, nous faisaient espérer, se basant sur les décisions tardives que devaient prendre le Conseil général d'abord et le Conseil municipal ensuite.

Vous connaissez les réponses faites. Les élus de ces deux collèges électoraux se refusèrent à voter les fonds nécessaires, foulant ainsi aux pieds le droit des travailleurs.

Les électeurs de la Sarthe en général, et du Mans en particulier, s'en souviendront en temps voulu.

A la suite de ces rejets, nous avons immédiatement engagé des pourparlers avec Toulouse, nous souvenant de sa louable insistance au Congrès de Tours pour faire les Congrès de cette année.

Nous avons été heureux de trouver là des camarades et des élus qui se souciant avant tout du droit des travailleurs ont fait tout leur possible pour qu'ait lieu notre Congrès.

En cette circonstance, le Conseil national remercie la municipalité et les Organisations ouvrières de la ville de Toulouse de leur bonne hospitalité.

Aussitôt cette décision prise, nous avons lancé l'appel suivant, à la date du 23 juin :

AUX TRAVAILLEURS DE FRANCE ET DES COLONIES

CITOYENS,

Nous venons vous convier au grand Congrès national corporatif qui aura lieu en septembre prochain en la ville de Toulouse.

Ainsi qu'en avait décidé le Congrès national corporatif de Tours, les assises devaient avoir lieu au Mans (Sarthe). Mais nos camarades de la Bourse du Travail de cette ville avaient trop compté sur leurs élus, qui, doublés de capitalistes, se sont empressés de refuser le budget nécessaire pour la réunion des travailleurs.

En attendant la dernière heure pour se prononcer, ces défenseurs du capital ont cru qu'ils porteraient un coup fatal pour cette année, et, vu l'époque avancée, qu'il ne nous serait plus possible de nous organiser.

Les desseins sont déjoués, car le Congrès aura lieu quand même, et sous un jour où leur lâcheté ne pourra que donner de l'élan aux travailleurs.

En cherchant à étouffer l'œuvre des prolétaires, ils ne font que raviver les justes colères que les vrais producteurs de la fortune publique accumulent dans leur cœur.

Camarades, il faut que ce soit en masse que le prolétariat assiste à ce Congrès où devront être prises des décisions telles, que nos exploiteurs se disent : **voilà le tocsin qui sonne.**

Depuis trop longtemps le travailleur souffre, et son exploiteur qui entend ses plaintes, au lieu de chercher à améliorer son sort, resserre la chaîne de l'esclavage.

Fort de ce que le pouvoir mettra les forces sociales : l'armée et la justice à sa disposition, il suscite la grève, lorsqu'elle lui est salutaire, pour affamer d'abord et briser ensuite les Organisations syndicales. Voilà comment il récompense celui qui, par son travail, lui permet de vivre d'une vie oisive, toute de jouissance et de bien-être.

Travailleurs, il faut que cet état de choses cesse ! Il faut que ce peuple méconnu dans ses droits, prenne l'offensive. Pour cela il faut de l'union. Pour faire face à l'ennemi commun, **le Capital,** il ne suffit d'être un grand nombre de syndiqués, il faut une armée disciplinée, marchant en rangs serrés à la conquête de son émancipation. Il faut enfin que le travailleur recouvre sa puissance et dise à son oppresseur : — Je veux être ton égal.

Assez parlementé, assez de faiblesse : nous avons trop compté sur les autres, n'espérons que sur nos propres forces.

Il faut que ce peuple qui s'est courbé jusqu'à ce jour, relève enfin la tête et dise à celui qui se dit son **seigneur et maître :** Au nom de l'humanité, au nom de cette science que tu t'appropries et que tu exploites en moi, au nom de ce travail qui te fais vivre et qui me tue — je réclame aujourd'hui la part qui me revient.

Las d'être exploité, je veux vivre de ma sueur et ne plus être obligé de voir souffrir les miens.

Comme toi, je veux que ceux qui me sont chers aient leur suffisance et ne veux plus que le soir, en entrant du travail, presque épuisé, je trouve la huche vide et ma famille en pleurs. Je ne veux plus enfin, qu'après une vie de peines et de misères, moi et les miens, allions finir sur un lit d'hôpital.

Camarades, si nous savons nous unir, nous serons vainqueurs.

C'est pour cela que nous vous convions à ce Congrès ouvrier au cri de : **Vive l'émancipation des Travailleurs.**

L'ordre du jour proposé par la Confédération générale est le suivant :

1° *Modification aux Statuts de la Confédération générale du Travail;*

2° *Voies et moyens d'assurer la publication du journal quotidien organe des Travailleurs.*

Les Bourses du Travail, Fédérations, Syndicats et Groupes corporatifs sont priés de nous faire connaître, dans le délai de **20 jours,** quelles sont les observations qu'ils désirent apporter à cet ordre du jour.

Pour la Confédération générale du Travail,
LE CONSEIL NATIONAL.

Paris, le 23 juin 1897.

Camarades,

Dans l'ordre du jour proposé par la Confédération générale du travail, nous croyons devoir faire suivre quelques explications pour définir le but proposé :

1° **Modifications aux Statuts de la Confédération ;**

Cette modification devra porter, tout d'abord, sur l'admission des Bourses du Travail avec représentation effective au sein du Conseil national.

L'année dernière, le Congrès de Tours avait cru devoir prendre la décision de les tenir en dehors de cette Organisation centrale, sous le prétexte que la Fédération des Bourses y était adhérente, ce qui n'était pas, puisqu'une décision contraire avait été prise au Congrès des Bourses du Travail.

Depuis, les Bourses de province ont compris que là était amoindrir leur part de lutte envers l'émancipation ouvrière, que, si elles étaient des organisations devant favoriser le travailleur envers l'offre et la demande, elles étaient, avant tout, des Unions de syndicats et que leur principal rôle se trouvait négligé.

Le Conseil national, trouvant ces demandes très légitimes, s'empresse de les porter en tête de son ordre du jour, avec cette conviction que plus grand sera son nombre, plus grande sera sa force et plus notre ennemi, qui lui n'hésite pas à rassembler toutes ses forces, verra dans notre Organisation un antagoniste sérieux à même de lui rendre coup pour coup en attendant l'heure de la victoire.

2° **Voies et moyens d'assurer la publication du journal organe des travailleurs ;**

L'année dernière cette idée a reçu l'approbation de toutes les Organisations ouvrières qui étaient présentes au Congrès de Tours.

Aussi le Congrès national a-t-il fait tous ses efforts pour mener à bien la création de ce journal.

Toutes les organisations ont été consultées et bon nombre ont répondu d'une façon favorable, parmi celles-là le Syndicat des ouvriers métallurgistes de l'Oise qui, tout en souscrivant à trois cents abonnements, met à la disposition de la Confédération à titre de prêt, sans date de remboursement, la somme de trois mille francs.

Dans la lutte que le prolétariat a le devoir d'entreprendre, s'il veut que ses misères cessent et qu'une aurore nouvelle se lève pour lui et les siens, il faut se rendre compte qu'un journal quotidien lui appartenant, ne recevant d'autres inspirations que celles des travailleurs, sera la plus puissante arme de combat qu'il puisse posséder. Tiraillant chaque jour sur ses ennemis, il sera, en outre, le pilori des traîtres.

Pour cela il faudra que chaque organisation consente à un sacrifice de ce qu'elle peut disposer pour sa propagande personnelle et qu'elle vienne le mettre à la disposition de la création de cet organe émancipateur.

A l'appui des décisions qui seront prises à ce Congrès et si le lendemain notre journal peut voir l'horizon, notre cause **enregistrera sa première victoire.**

Le Secrétaire général,

A. LAGAILSE.

CITOYENS,

La Confédération générale du Travail, par des circonstances inhérentes à son organisation même, n'a pas fait tout ce qu'elle aurait voulu voir se réaliser cette année. Mais, comme l'année dernière, son Conseil national vient vous dire : Vous avez craint qu'il y ait trop de délégués et c'est ce manque d'éléments qui met un frein à ses travaux.

C'est pourquoi nous vous engageons, cette année, à élargir le cercle de ses adhérents. Laissez le champ le plus vaste possible aux Organisations qui veulent y venir pour y faire de la bonne besogne.

Devant le capital qui plus que jamais nous menace dans nos justes revendications, opposons un nombre formidable et alors, tous unis, nous pourrons nous mesurer face à face. Dans cette lutte sans merci que nous aurons à subir, il faut que l'un des deux succombe, sachons nous en souvenir. Nous n'avons plus rien à attendre de l'oppresseur que de nouvelles misères.

Camarades, si nous voulons que cet état de chose cesse, il faut de l'union.

Que chacun oublie pour un instant les mesquineries qui nous divisent, n'ayons au cœur qu'un sentiment : L'émancipation des travailleurs.

Pour clore de ce rapport que nous vous apportons avec la conviction que vous l'approuvez dans ses actes exposés, nous vous faisons connaître le montant, la provenance et la destination des fonds qui nous sont parvenus pour secours de grève, regrettant d'être obligés de dire que dans cette circonstance les décisions du Congrès de Tours n'ont pas été suivies par toutes les organisations.

	Pour les grévistes de Hambourg...	45 »
	» » Cholet.......	45 »
	Pour les wagonniers de Pantin....	37 »
Par le Syndicat national des Chemins de fer	» » »	64 80
	» » »	56 20
	» » »	33 60
	» » »	7 45
	Pour les mineurs de Grand'Combe.	136 85
	» » » .	154 80
	» » » .	287 55
	Pour les chaudronniers de Marseille	42 75
	Pour les mouleurs de St-Etienne..	21 40
Syndicats des Tanneurs et Corroyeurs de Tours	Pour les tanneurs de Vendôme....	5 »
	Pour les mineurs de Grand'Combe.	10 »
Bourse du Travail de Tours	Pour les mineurs de Grand'Combe.	23 35

Confédération générale du Travail Collecte faite à sa réunion du 30 mai	Pour les mineurs de Grand'Combe.	13 85

Ces divers versements ont produit la somme de 984 fr. 70 c.

Conformément aux décisions du Congrès de Tours la retenue de 5 % a été opérée et la somme versée au Comité de la grève générale à la date du 8 août.

Pour le Comité national :

Le Secrétaire général,

A. LAGLAISE

NOTA. — Dans notre rapport de l'année dernière, dans le passage énonçant les organisations qui avaient participé par leurs efforts moraux et pécuniaires dans la lutte pour Carmaux, une omission typographique en avait évincé la Bourse du Travail de Paris, aujourd'hui Union des syndicats ouvriers du département de la Seine.

Nous nous empressons de déclarer que dans l'original de notre rapport cette organisation occupait la place à laquelle elle avait justement droit. A. L.

Sur les observations à présenter à ce rapport moral, **Briart,** considérant que la Confédération générale du Travail était la Fédération des Fédérations de métiers dit que la Chambre Syndicale des ouvriers en instruments de précision ne pouvait être représentée à la Confédération parce qu'elle formait un syndicat isolé. Briart proteste aussi contre la réunion publique organisée à Paris, au Tivoli-Vauxhall, en faveur du journal organe des travailleurs, avec le concours d'hommes politiques.

Dans le rapport du Conseil national de la Confédération du Travail, présenté au Congrès de Tours, **Seigné** regrette de ne pas voir sur la liste d'honneur des Organisations syndicales qui ont apporté au début de la Confédération leur appui moral et pécunier, l'Union des syndicats de la Seine qui avait les droit incontestable d'y figurer, ayant versé 50 francs pour sa part.

Cumora, au nom de l'Union des Ouvriers mécaniciens de la Seine, dit que son Syndicat étant une Fédération, il est représenté parfaitement à la Confédération.

Braun fait remarquer que le Conseil national de la Confédération ne s'est pas conformé à la décision du Congrès de

Tours, en acceptant comme adhérents le Cercle corporatif des ouvriers mécaniciens et l'Union des mécaniciens, qui ne pouvaient en faire partie, d'après les statuts, et il demande qu'il soit pris acte par le Congrès de la déclaration qu'il vient de faire, afin qu'à l'avenir pareils faits ne se renouvellent pas.

Riom répond que le Congrès de Tours a décidé de n'admettre, jusqu'au prochain Congrès, que les Syndicats isolés qui n'ont pas de Fédération nationale ou ne peuvent en avoir.

En ce qui concerne particulièrement les mécaniciens, en admettant qu'ils n'aient pas de Fédération, il y a néanmoins lieu de remarquer que les deux Organisations de cette corporation ont été admises toutes deux, ce qui est inadmissible, car on ne peut considérer deux Organisations comme centrales et nationales. Une fusion est indispensable *avant* l'adhésion à la Confédération à titre national.

Cumora, répondant aux observations de Braun, dit qu'il n'existe réellement qu'un seul Syndicat de mécaniciens à Paris, et ce Syndicat est l'Union des ouvriers mécaniciens. Le Cercle corporatif n'est pas un Syndicat reconnu comme tel par les Organisations ouvrières.

Cumora ajoute que l'Union a quitté la Fédération de la métallurgie dès le jour où cette dernière a accepté la loi de 1884.

Si le Congrès corporatif a accepté dans son sein l'Union qui n'a pas reconnu cette loi, c'est une exception qui ne modifie en rien les statuts de cette Confédération.

Majot proteste énergiquement contre les insinuations de Cumora, tendant à faire croire que seule, l'union des mécaniciens existe ; il déclare que tous les délégués parisiens, présents au Congrès, ne peuvent de bonne foi contester la vitalité d'un Cercle corporatif des mécaniciens de France, attendu qu'il en est le délégué avec mandat régulier incontesté.

Il déclare, en outre, qu'il a été exclu de l'Union des mécaniciens de la Seine, pour avoir fait partie de ce Syndicat.

Delessalle appuie cette protestation et, en sa qualité d'ouvrier mécanicien, affirme l'existence du Cercle corporatif des mécaniciens de France.

Guérard dit qu'il n'y a qu'un vœu à émettre ; celui qu'à l'avenir, ces deux organisations n'en fassent qu'une.

Deux ordres du jour sont déposés à cet effet.

Ordre du jour **Gandon** et **Lemaître** :

Je demande que l'on passe à l'ordre du jour pur et simple et engage le Comité à faire tous ses efforts pour unir les deux groupes de mécaniciens en une Fédération.

Ordre du jour **Thierrard** :

Attendu qu'il est porté dans la première question de l'ordre du jour : Modifications aux statuts, je propose que la discussion soulevée par des camarades mécaniciens soit discutée dans le sein de la première commission.

La priorité est demandée pour l'ordre du jour **Thierrard**, qui est adopté.

Puisque la Fédération du Livre estime que tout ce qui a rapport à l'impression syndicale soit livré à des ouvriers syndiqués, conformément à la décision du Congrès de Marseille, et que ces décisions ont été suivies, **Briat** dit, qu'à son tour, la Fédération du Livre doit se conformer aux décisions du Congrès de Tours, qui a estimé que sur le versement des organisations syndicales aux différentes grèves, il sait prélevé le 5 % pour le Comité de la Grève générale.

Maynier dit que les Syndicats de la Fédération du Livre n'étant pas partisans de la Grève générale, ils considéraient comme inutile cette retenue.

Soulery dit qu'à Alger les fonds pour secours de grève sont envoyés directement aux grévistes et que la retenue est adressée au Comité de la Grève générale.

Riom, au nom de la Fédération nationale du Bâtiment, dit que cette Fédération ne concentre aucun fonds et n'a pas à envoyer le 5 % au Comité de la Grève générale, parce qu'elle est composée de Syndicats entièrement autonomes.

Au nom de la Fédération des Cuirs et Peaux, **Renaudin** appuie la déclaration Riom, mais ajoute qu'il prend l'engagement de faire en sorte que tous les fonds envoyés à des grévistes par sa Fédération, passent par le canal de la Confédération générale du Travail.

Richer, au nom de la Bourse et des Syndicats du Mans, demande qu'il ne soit plus retenu de 5 % sur les sommes souscrites pour des grévistes, considérant que les fonds doivent rester indemnes de tout prélèvement.

En conséquence, il prie la Confédération générale de rechercher d'autres moyens pour ces ressources pécuniaires.

Guérard dépose l'ordre du jour suivant :

Le Congrès regrette que plusieurs Fédérations appartenant à la Confédération n'aient pas observé les décisions du Congrès de Tours, au sujet de 5 % pour la grève générale.

Adopté.

Claverie dit que les Organisations opposées à la grève générale ne peuvent verser la retenue.

Girard et **Grentzel** estimant qu'on doit se soumettre aux décisions des Congrès, **Renaudin** dit qu'il est difficile à un Congrès d'obliger les Syndicats à suivre ses décisions, car un Congrès engage et n'ordonne pas.

L'ordre du jour qui suit, signé Briat, Delesalle, Hamelin, Maynier est adopté.

Le Congrès engage la Fédération du Livre à suivre les décisions des Congrès en ce qui concerne le 5 % en faveur de la grève générale, les Syndicats ouvriers respectant les décisions de Marseille en ce qui concerne l'impression de leurs journaux et brochures par des ouvriers syndiqués.

Le délégué de Brest, **Chiron**, propose qu'à l'avenir, dans les Congrès, l'ordre du jour soit divisé en deux parties :
1° Question de la Confédération ;
2° Question générale.

Chiron estime que dans un Congrès on fait appel aux Organisations syndicales sans distinction d'opinions pour discuter les questions d'intérêt général.

Dans le présent Congrès on vient dire qu'on doit s'en tenir aux décisions des précédents Congrès, les accepter, se conformer de toute façon au droit de majorité. Se conformer au droit de majorité, cela nous engagerait à adopter la grève générale dont nous ne sommes pas partisans, et cela empêche également beaucoup de Fédérations d'adhérer à la Confédération.

Que l'on fasse alors une proposition étendue, de façon à permettre aux organisations d'y adhérer.

Après les explications du délégué de Brest, touchant sa proposition de diviser l'ordre en deux parties :
1° Question de la Confédération ;
2° Question générale,
l'ordre du jour pur et simple, demandé à la presque unanimité, est adopté.

Pinel dépose l'ordre du jour suivant :

A l'avenir, les Organisations ouvrières retiendront elles-mêmes le 5 % sur les sommes réalisées pour secourir les grévistes ; ensuite cette retenue sera envoyée directement au Comité de la Grève générale, à moins toutefois que les Syndicats qui versent leur obole se réservent le droit qu'il soit envoyé aux grévistes les sommes intégrales qu'ils auront versé.

Cet ordre du jour est renvoyé à la Commission qui étudie la question de la grève générale.

Le rapport moral de la Confédération générale du Travail est adopté avec les observations qu'il a soulevées et qui ont été ci-desus indiquées.

Le citoyen **Garcin** donne lecture du rapport financier de la Confédération.

RAPPORT FINANCIER

Situation au 10 septembre 1897

Exercice 1896-97 : { En caisse	436	60
Cotisations	1449	»
Diverses	3	25
TOTAL	1588	85
DÉPENSES	810	70
RESTE EN CAISSE	778	15
Dû par les Organisations	340	»
(Cotisations échues et non versées)		
TOTAL GÉNÉRAL	1018	15

Les Organisations ouvrières groupées dans la Confédération générale du Travail ont donné cette année une certaine satisfaction en effectuant les versements de leurs cotisations d'une façon assez régulière, ce qui nous a permis, dans la mesure de nos moyens, de commencer la propagande et nous mettre en rapport avec tout le Travail organisé.

Indépendamment des relations tentées auprès de toutes les Bourses du Travail, pour l'union de toutes les forces économiques, conformément au vote émis par le VIIIe Congrès national corporatif, nous avons engagé l'action par la création du quotidien du prolétariat.

Des listes de souscription ont été adressées aux Organisations ouvrières ainsi qu'une circulaire prévenant le but que devait atteindre cette publication.

Nous avons en outre aidé pécuniairement à l'organisation de la Fédération des ouvriers des ports et rivières, par la venue de notre ami Tom Mann à Paris..

Enfin, malgré les décisions prises par les représentants de la ville du Mans et de la Sarthe, nous avons pu faire les frais de l'appel à ce Congrès où, secondés par nos amis de Toulouse, nous avons pu mener à bien les assises du Congrès national corporatif de 1897.

Si, comme nous l'espérons, vous donnez cette année plus d'envergure à notre Association de forces économiques, nous avons le ferme espoir que l'avenir ménage plus d'une surprise à ceux qui croient que les travailleurs ne sauraient marcher en bataillons serrés.

Le Trésorier adjoint,

J. GARGIN.

Le Syndicat des ouvriers en instruments de précision n'ayant jamais formulé son adhésion à la Confédération qui l'a inscrit officiellement, **Briat** fait les réserves qu'il a précédemment faites au rapport moral.

Delesalle demande qu'à l'avenir, le rapport financier soit plus détaillé.

Lagailse dit que s'il n'a pas été donné plus de détails, c'est que le citoyen **Keuffer**, trésorier-général, est malade.

Le citoyen **Fournier** propose au Congrès de se rendre à la verrerie ouvrière d'Albi, pour affirmer aux vaillants verriers toute la vibrante sympathie qu'a pour eux le Prolétariat organisé, d'un bout à l'autre de la France.

Le Congrès décide de s'y rendre demain mercredi, 22 courant.

De ce fait, la séance de l'après-midi de ce jour, n'aura pas lieu.

La séance est levée à midi.

QUATRIÈME SÉANCE

MARDI 21 SEPTEMBRE 1897 (Soir)

La séance est ouverte à 2 heures et demie.

Briat, président ; Girard et Braun, assesseurs.

Après l'appel nominal, **Corbière** donne lecture du procès-verbal de la séance du matin.

Briat, président, dit que si des membres du Congrès ont l'intention d'apporter des modifications au procès-verbal, ils n'auront qu'à les signaler par écrit, de même pour les omissions. Le secrétaire en tiendra compte et ce sera une grande perte de temps évitée.

Marques d'assentiment.

Quelques délégués déclarent qu'ils approuvent cette manière d'agir, mais qu'il n'est pas fait mention au procès-verbal de la séance de ce matin d'une question qui a été traitée et renvoyée à une Commission.

Le Président. —Vous n'avez qu'à donner une petite note, le Secrétaire fera le nécessaire.

Pacotte. — Il est urgent, camarades, que tous ici tenions compte du peu de temps dont le bureau dispose pour la rédaction des procès-verbaux.

Ce matin, les Secrétaires ont eu beaucoup à faire, étant donné surtout que le sténographe qui avait travaillé la nuit pour le procès-verbal d'hier avait été invité à se retirer pour prendre un peu de repos.

Il est impossible qu'un seul Secrétaire et même deux puissent en si peu de temps, surtout, remettre un procès-verbal bien détaillé.

Rollan, secrétaire, qui avait déjà parlé dans ce sens, appuie cette déclaration.

Le Président. — Tout le monde le comprend. Il n'y aura qu'à faire les rectifications ou signaler les omissions par écrit, et comme cela a été décidé le Secrétaire en tiendra compte. — Adopté.

Mercier et **Mouchebœuf,** de Bordeaux. — Permettez-nous de demander que nos noms figurent au procès-verbal de ce matin. Nous n'avons pu arriver hier, mais ce matin nous étions présents. C'est parce que nos noms ne figurent pas sur la liste d'appel que nous n'avons pas été appelés à répondre.

Groq. — La rectification est faite. Vous avez été porté comme présents.

Le procès-verbal est adopté.

Chiron, au nom de la Fédération syndicale des travailleurs du Finistère, propose que les discussions sur les questions portées à l'ordre du jour aient lieu avant leur envoi aux Commissions.

Cette proposition, mise aux voix, est repoussée.

Louis Meyer, au nom de l'Alimentation ouvrière de Paris, a la parole et dit qu'en vertu du peu de temps dont on dispose pour se prononcer sur les nombreuses questions soumises au Congrès, il serait bon de limiter le temps de parole aux orateurs, le travail ayant déjà été sérieusement fait dans les Commissions.

En conséquence, je propose que le Congrès décide que conformément aux décisions du Congrès de Tours, le temps de parole soit limité aux orateurs.

Il y en a qui prennent la parole cinq ou six fois sur une question, qui parlent même longuement ; avec cette manière d'agir, plusieurs d'entre nous ne peuvent pas parler. Nous sommes ici tous sur le même pied d'égalité. Je demande qu'il y ait une clause formelle. *(Très bien. — Applaudissements.)*

Le Président. — Oui, on peut limiter le temps pour les orateurs, mais, ce qui serait préférable, c'est que les délégués se rendent ici à l'heure, quand on dit deux heures ou neuf, il faudrait qu'on n'arrive pas à trois ou à dix.

Soulery. — Lorsqu'un camarade fait une proposition il faut s'en occuper et ne pas venir y en greffer plusieurs autres, sans quoi il n'est pas possible que nous nous en sortions.

Au sujet des discussions générales, je propose que *nul orateur ne pourra prendre la parole plus de deux fois* sur la même question, sauf le rapporteur qui a le droit de se défendre, et que le temps soit limité aux orateurs.

Hamelin. — Il faut, pour faire du travail utile, que lorsque les Commissions sont nommées, ceux qui sont possesseurs de rapports les y déposent ; les Commissions doivent se réunir le plus rapidement possible et travailler.

Plusieurs Voix. — Finissons-en d'abord avec la question Meyer.

Le Président la met aux voix.

Le Congrès décide que les orateurs ne prendront la parole que deux fois sur la même question et que le temps est fixé à 10 minutes.

Lemaître dit qu'au Congrès de Limoges on n'accordait que 5 minutes et à celui de Tours 7 minutes.

Le Président.— Cette question est vidée, n'en parlons plus.

Seigné.— J'appelle l'attention des camarades sur les motifs qui nous font perdre du temps. Ainsi, ce matin, on a discuté longuement sur la grève générale; étant donnée la conclusion, puisqu'on a ordonné le renvoi de l'affaire à la Commission, il faut convenir que nous avons perdu une heure.

On devrait d'abord déposer les rapports dans les Commissions.

Soulery. — Ce n'est que dans les Commissions que le travail doit et peut être bien préparé, c'est là que se fait la bonne besogne.

Laurens, de Nevers. — Je tiens à déclarer que le Congrès des Bourses a décidé d'entrer à la Confédération générale du Travail dans les conditions prévues par le Congrès de Tours. Nous voulons éviter toute espèce de suspicion, d'antagonisme.

En entrant dans la Fédération, nous n'avons voulu que la fortifier, tout en conservant l'autonomie de la Fédération des Bourses, qui apporte de sérieux avantages au prolétariat.

Et à propos du journal de la Fédération des Bourses, le citoyen **Laurens** donne communication d'un ordre du jour voté par le Congrès des Bourses du Travail. Le voici :

Les Bourses, réunies en Congrès, reconnaissent l'extrême nécessité de l'existence d'un journal quotidien susceptible d'éclairer le prolétariat et d'aider au développement des Organisations ouvrières, prennent l'engagement de faire toute propagande pour en activer l'apparition. Cet ordre du jour sera communiqué au Congrès corporatif.

Applaudissements et marques d'assentiment.

Le Président rappelle que c'est la dixième Commission qui est chargée de recevoir les vœux.

Groq. — Plusieurs camarades prennent la parole et oublient que nous ne les connaissons pas tous. Il serait bon, pour faciliter le travail du bureau et pour les procès-verbaux surtout, que chacun de nous, lorsqu'il veut parler, donne son nom ou le nom de la ville qu'il représente.

Plusieurs Délégués répondent que c'est très juste.

Guérard expose qu'à propos du voyage à Albi, en compagnie d'autres délégués, il s'est rendu à la gare pour s'informer si, en faveur des Congressistes, on pouvait espérer obtenir une réduction du prix sur les billets. Cela peut se faire, on peut aller jusqu'à 50 % de réduction, mais il y a des formalités à remplir. Il faut s'adresser à l'Ingénieur en chef, indiquer le but du voyage, dire combien l'on sera, etc.

Lagailse. — Je crois que c'est la première question à résoudre : Combien de camarades acceptent de venir à Albi ?

Nous allons dresser une liste où s'inscriront ceux qui donnent leur adhésion.

La liste est mise en circulation.

Fournier dit que le prix du voyage est de 3 fr. 80, pour le billet d'aller et retour, si la réduction est accordée, et de 5 fr. 90 si nos démarches auprès de la Compagnie ne sont pas couronnées de succès.

Seigné propose que le Congrès décide que, le prix réduit étant de 3 fr. 80 et le prix actuel de 5 fr. 90, ceux qui pourront abandonneront la différence à la Caisse des Grèves si la réduction est accordée.

Neyron. — Lorsqu'il s'agit d'une demande de réduction formée par des chanteurs ou des musiciens, des sociétés de gymnastique, des pèlerinages, les Compagnies accordent de suite des réductions. Aujourd'hui qu'il s'agit de Travailleurs, nous ne sommes pas seulement sûrs de réussir.

PLUSIEURS DÉLÉGUÉS demandent la clôture de cette discussion. Elle est prononcée.

On passe à l'ordre du jour.

Pacotte. — Je crois devoir dire cependant un mot au sujet des réductions. D'après l'article 106 du règlement, les Compagnies peuvent exiger qu'on les prévienne cinq jours à l'avance. Seulement, pour ce cas-ci, avec le camarade Guérard, nous prendrons un biais qui nous fera sans doute réussir. Nous passerons une dépêche au trafic et la direction pourra nous avoir répondu dès demain matin. Nous ferons de suite la démarche.

Hamelin dit que pour faciliter la vente des bouteilles de la Verrerie Ouvrière il y aura une réduction de prix de 20 % au moins et de 30 % au plus sur les prix indiqués sur les tarifs distribués aux délégués. Ces prix sont faits en gare d'Albi.

PLUSIEURS DÉLÉGUÉS expriment le désir qu'on désigne les salles où les diverses Commissions doivent se réunir.

Les camarades ne se connaissant pas entr'eux, ce n'est pas facile de pouvoir se rencontrer et se réunir si l'on ne procède pas ainsi.

Le **Président** donne mission aux Secrétaires de fournir les renseignements demandés.

Cette opération ayant eu lieu, le Congrès décide que les Commissions vont se réunir afin de préparer le travail qu'elles devront ensuite soumettre au Congrès.

Le **Président** invite les camarades à activer la besogne qui leur incombe.

Fournier rappelle qu'il est décidé que le Congrès se rendra demain officiellement à Albi. Il explique que cette usine étant l'œuvre du prolétariat tout entier, il importe que tous les délégués doivent se rendre compte *de visu* de la marche toujours croissante de l'Usine ouvrière. Ils pourront, en connaissance de cause, réfuter les attaques des adversaires et, par là même, stimuler le zèle de quelques Organisations qui se sont presque désintéressées de cette œuvre grandiose qui est un exemple et une preuve que les Travailleurs, en se solidarisant, arriveront à leur émancipation.

La séance est levée et la prochaine fixée à demain matin 9 heures.

CINQUIÈME SÉANCE

MERCREDI 22 SEPTEMBRE 1897 (Matin)

Présidence du citoyen Barlan ; assesseurs : Grentzel et Gidel. Appel nominal.

Lecture est donnée par **Groq** du procès-verbal de la séance d'hier. — Adopté.

Danflous propose que le Congrès décide, qu'à l'avenir, le bureau constitué conserve ses fonctions jusqu'après la lecture et l'adoption du procès-verbal du jour où il aura fonctionné. Cette proposition a pour but d'éviter au nouveau président le désagrément de ne pouvoir répondre aux congressistes qui prendraient la parole sur le procès-verbal de la veille.

PLUSIEURS VOIX. — C'est très logique.

La proposition est adoptée.

Le Président donne communication d'une lettre émanant de la Chambre syndicale des Ouvriers Parqueteurs de la Seine au sujet de l'envoi, comme délégué, du citoyen Riom qui aura désormais pleins pouvoirs. — Adopté.

Le Président soumet à l'Assemblée la proposition suivante de la Chambre syndicale des Déchargeurs de Brest :

La Chambre syndicale demande au Congrès de s'associer à sa protestation contre les agissements du gouvernement, qui, lors de la grève des déchargeurs, a mis des ouvriers de l'arsenal à la disposition des entrepreneurs pour le déchargement du charbon, en violation des clauses du cahier des charges, prenant ainsi fait et cause pour les patrons contre les ouvriers.

Le délégué,

V. CHIRON.

Cette proposition, mise aux voix, est adoptée.

Le Congrès s'y associe.

Barlan, président. — Si parmi nos camarades il s'en trouve qui ont des rapports à présenter au nom des Commissions, je leur donnerai la parole, la discussion pourrait s'ouvrir.

Personne ne la demandant, le Congrès décide de se réunir dans les salles de Commissions pour l'examen des affaires.

Sur la proposition de **Lagailse**, le Congrès se réunira à onze heures moins un quart pour prendre les dispositions relatives au départ pour Albi.

La séance est levée à dix heures un quart.

SIXIÈME SÉANCE

JEUDI 23 SEPTEMBRE 1897 (Matin)

La séance est ouverte à 9 heures.

Après l'appel nominal, **Barlan**, président, ayant pour assesseurs les citoyens Grentzel et Gidel, invite les délégués à vouloir bien procéder à la nomination des membres qui doivent composer le bureau pour les séances de ce jour.

Plusieurs camarades expriment le désir que le bureau

qui avait été élu hier continue ses fonctions, le Congrès n'ayant pas tenu séance hier soir.

La proposition, mise aux voix, est adoptée. Le même bureau est maintenu.

Le Président soumet ensuite au Congrès l'adhésion de nouveaux mandats.

Lecture est donnée de la déclaration suivante, de **Valois**, délégué des métallurgistes de Fumel :

— Je tiens à déclarer que je n'ai été mandaté par mes camarades, pour assister au Congrès des Syndicats, que jusqu'à aujourd'hui seulement, faute de renseignements qui ne nous avaient pas été suffisamment donnés sur la durée du Congrès.

En conséquence, je tiens à ce que ma déclaration soit inscrite au procès-verbal, ce qui motivera mon absence pour les jours suivants.

Le Président. — Cette déclaration figurera au procès-verbal.

Blanc, au nom de l'Union des Syndicats de Toulouse, demande au Congrès si la conférence qui doit être organisée pour samedi doit être faite avec entrée gratuite ou payante.

De plus, que les délégués qui désirent prendre la parole, veuillent bien se faire inscrire afin de pouvoir donner leur nom sur l'affiche.

« Je crois pouvoir dire, comme indication, que si l'on met 0 fr. 25 centimes d'entrée il y aura autant de monde que si elle était gratuite. »

Un camarade demande que l'entrée soit payante et que le produit soit destiné aux grévistes de Nevers.

Soulery. — Il y a eu un vote formel à ce sujet. Le produit de la conférence devait être destiné à la Bourse du Travail de Tours qui a eu un déficit de 600 francs, occasionné par l'impression du compte rendu du dernier Congrès. Si la recette dépasse ce chiffre, on pourra songer aux grévistes de Nevers.

Cette proposition, mise aux voix, est adoptée.

Cumora, délégué de l'Union des ouvriers Mécaniciens du département de la Seine propose que sur la brochure rendant compte des travaux du Congrès les noms des Organisations soient seuls mentionnés et non les délégués représentant ces Organisations.

Cette proposition est repoussée.

Le Président communique au Congrès la réponse adressée par la Compagnie d'Orléans, à propos de la demande de réduction qui lui avait été faite au sujet du voyage d'Albi, à la Verrerie Ouvrière.

Cette réponse est ainsi conçue :

Reçu trop tardivement pour examiner.

Des applaudissements ironiques saluent cette courte lecture.

Le **Président** demandant quelles étaient les Commissions qui avaient terminé leurs travaux, il est donné lecture du rapport de la deuxième Commission, par le citoyen **Garcin**, rapporteur :

RAPPORT

De la deuxième Commission sur la deuxième Question

Voies et Moyens d'assurer la publication du journal quotidien

La Commission, après étude et délibération, a décidé, à la majorité de six voix contre trois, qu'il y avait lieu de donner suite au projet adopté à Tours et d'en poursuivre la réalisation par tous les moyens possibles : le journal du prolétariat étant plus que jamais nécessaire à la défense de nos intérêts collectifs et généraux.

Nous allons donc examiner les intentions, les résolutions prises par les Syndicats en vous donnant connaissance des propositions et déclarations soumises à l'examen de la Commission du journal.

Le citoyen Roger, de la Fédération de la Voiture, de Paris, déclare qu'il est contre la création d'un journal quotidien. Il craint que la politique s'empare du journal et ajoute que pour lui les journaux corporatifs sont suffisants pour donner aux syndiqués le droit d'y écrire.

Le citoyen Rancoule, de la Bourse du Travail de Narbonne, déclare s'en rapporter à la décision du Congrès des Bourses et dit qu'il faut surtout rechercher les moyens de le faire vivre. En tout cas, dit-il, il ne faut pas s'engager à la légère ; il donne au Comité central toute latitude pour agir.

Le citoyen Gandon, du Syndicat typographique d'Angers, se rallie à la déclaration Rancoule, mais à la condition que le journal n'adoptera aucune école politique, mais fera surtout de l'économie sociale. Il déclare, en outre, qu'il est contre tout homme politique dans le journal.

Le citoyen Maison, de la Fédération des Coupeurs-Brocheurs de

Paris, déclare qu'il n'a aucune donnée arrêtée sur la façon d'opérer, mais il est partisan qu'un *referendum* soit adressé à toutes les Organisations, demandant le paiement d'un minimum de 0,05 par membre et par mois jusqu'à concurrence de la somme nécessaire, à partir d'une date à déterminer.

Le citoyen Garcin déclare s'en rapporter à son rapport.

Le citoyen Hamelin, de la Fédération du Livre, voudrait surtout que l'on ne se paie pas de mots et qu'on s'applique à lancer et faire vivre le journal. Sur le fond il est complètement d'accord avec le rapport du dernier Congrès de Tours et celui du citoyen Garcin. Il voudrait un capital de 100,000 francs versé par les Organisations ouvrières.

Le citoyen Neyron, de la Bourse du Travail de Saint-Etienne, partage l'avis des citoyens Garcin et Hamelin sur le journal quotidien, mais il voudrait que tous les organes corporatifs disparaissent pour faire place à ce grand journal et déclare que la Bourse de Saint-Etienne s'engage à verser, dès l'apparition du journal, la somme de 200 francs, plus 10 francs par mois pendant toute son existence.

Passons maintenant aux propositions :

La Bourse du Travail et la Fédération du Bâtiment de Nantes, estimant que la création d'un nouvel organe politique des Travailleurs ne pourrait aboutir qu'à la condition que tous les travailleurs cessent de lire leur journal particulier, ce qui est très aléatoire, parce que chaque citoyen agit suivant son tempérament et abandonne difficilement les habitudes contractées; que d'un autre côté il faut laisser la politique aux politiciens; que ce journal peut être, à un certain moment, un ferment de division suivant que la direction passerait aux mains de telle ou telle école politique, l'exemple de la Bourse du Travail, celui de la Fédération nationale des Syndicats et Groupes corporatifs ouvriers de France le prouve surabondamment;

Que cependant les Organisations ouvrières ont besoin d'un organe précis de la question économique et des conditions du Travail national sous forme d'un *Bulletin Officiel* unique de toutes les Organisations ouvrières de France, et qui serait une véritable encyclopédie du Travail;

En conséquence, la Bourse du Travail de Nantes et la Fédération du Bâtiment proposent qu'un *Bulletin Officiel Général du Travail*, bi-mensuel, hebdomadaire et plus tard quotidien s'il y a lieu, soit créé par les soins de la Confédération générale du Travail et la Fédération des Bourses du Travail de France et des Colonies.

L'existence de ce bulletin serait assuré par les sommes qui sont affectées par les Organisations ouvrières à leur bulletin ou journal corporatif et cesseraient de les publier. Une rubrique spéciale serait affectée à chacune de ces Organisations avec la quantité de lignes nécessaires à leurs besoins, soit pour l'insertion de leurs communications officielles, soit pour leurs *desiderata*. Les premières pages seraient consacrées à des articles de tête, d'allures essentiellement économiques, les dernières contiendraient les statistiques intéressant le Travail national et universel.

Chaque Organisation devra faire connaître la quantité exacte de numéros qu'elle aura besoin, ce qui déterminera le chiffre du tirage.

Les frais d'envois et d'échanges, si coûteux, seraient supprimés, les plus riches Organisations comme les plus pauvres pourront y collaborer, et tous les Travailleurs trouveraient dans cette brochure unique des renseignements rapides et précis.

La Fédération des Chambres syndicales des Coupeurs et Brocheurs en chaussure de France a décidé, relativement à la publication du journal quotidien et pour assurer son existence, de voter une somme à fixer, suivant l'importance du nombre des membres représentés au Congrès ; que cette somme serait payée par chaque Organisation, au prorata du nombre de ses membres, pour faire paraître le premier numéro qui serait distribué gratuitement.

Fixer ensuite le montant à payer par chaque Organisation, au prorata du nombre de ses membres, pour assurer l'existence du journal. La somme sera à verser en six mensualités successives, en fixant une date pour le premier versement.

Le Syndicat des Estampeurs-Découpeurs en métaux, tôliers de la Seine et l'Union syndicale du Bronze proposent une imposition pécuniaire par les Fédérations et Syndicats jusqu'à ce que cet organe puisse vivre avec ses propres ressources.

Exclure la politique.

Le Syndicat des Employés de Paris fait la proposition suivante :

Considérant que l'idée d'un journal corporatif quotidien est inséparable de l'idée absolue de son indépendance, donne mandat à son délégué de combattre toute proposition de création d'un journal qui semblerait couvrir une combinaison financière quelconque.

Les Chambres syndicales des Cuisiniers, des Boulangers et des Pâtissiers de la Seine donnent leur avis. D'après elles, il convient de poursuivre la réalisation de cette grande idée émise au Congrès de Tours et adoptée par lui ; elles se prononcent donc pour qu'un grand journal quotidien soit créé.

Que ce journal soit immédiatement placé sous la direction du Comité central de la Confédération du Travail.

Que les ressources nécessaires à son fonctionnement soient fournies non par des individualités, mais par les abonnements

directement fournis par les travailleurs, ces abonnements, calculés
soit par douzième, par semestre ou par année, devant être recueil-
lis par les syndicats ou groupes adhérents à la Confédération et
remis directement au Comité central responsable de sa gestion.

Pour ce qui concerne la forme à donner à l'organe, nous nous
en rapportons aux propositions adoptées au Congrès de Tours.

L'Union des ouvriers Métallurgistes de l'Oise propose une
cotisation extraordinaire de 0 fr. 25 à chaque syndiqué afin de
donner des ressources à la Confédération générale du Travail
pour l'apparition du journal quotidien.

La Fédération des Mouleurs en métaux propose que le Congrès
invite les journaux corporatifs à publier intégralement les deux
rapports.

Que la Confédération publie aussi un bulletin unique ou petite
brochure pour être distribués à profusion et gratuitement dans les
Syndicats n'ayant pas d'organe. Nous croyons aussi que ce moyen
permettra aux Organisations de se prononcer en connaissance de
cause dans quelques mois. Nous pensons que ce serait la meilleure
propagande que l'on puisse faire.

La Chambre syndicale typographique du Mans s'exprime
ainsi :

A notre avis, la publication d'un organe quotidien des Travailleurs serait une œuvre utile et féconde. Mais pour fonder ce
journal, il faudrait pouvoir disposer d'un capital considérable,
500,000 francs environ ; de même pour assurer son existence, il
faudrait lui constituer des ressources régulières suffisantes.

Pour constituer le capital de fondation et de réserve, on pourrait
procéder comme pour les coopératives de production, en émettant
des bons de 10 ou 20 francs avec participation aux bénéfices.
Chaque Syndicat s'engagerait à prendre un nombre de bons en
rapport avec son importance et ses moyens. On placerait également beaucoup de bons dans les coopératives de production et de
consommation.

Pour les particuliers, il faudrait exiger certaines garanties :
par exemple, n'en confier qu'aux syndiqués et pour une fraction
inférieure à la moitié du capital, 1/3, 1/4 ou 1/5.

Pour les ressources régulières devant assurer l'existence du
journal, on ne peut guère compter que sur le produit de la vente
et des abonnements. Il faut donc recruter un nombre d'abonnés et
de lecteurs suffisant parmi les syndiqués les plus zélés et les plus
dévoués.

La publicité, qui fait vivre les autres journaux, sera d'un rapport
incertain et très minime. Il est vrai que les coopératives
pourraient s'en servir et que nous pourrions accepter, moyennant
une rétribution, toutes les insertions favorisant leur développement. Il n'en serait pas de même pour la plupart des maisons
de commerce qui voudraient se servir de la publicité du journal :
l'administration recevrait surtout des propositions de maisons de

crédit et de vente à tempérament, qui exploitent la gêne de la
classe ouvrière et contre lesquelles il faudrait plutôt mettre en
garde tous les travailleurs.

Au sujet de la fondation de cet organe quotidien général, il faut
se préoccuper de la situation qui sera faite aux nombreux organes
corporatifs existants, tels que le nôtre. Devront-ils continuer leur
publication ? Ou bien seront-ils absorbés par l'organe quotidien ?
Cette dernière perspective présenterait des inconvénients. En cas
d'insuccès de l'organe commun, on aurait ensuite beaucoup de mal
à reprendre la publication des organes particuliers.

Tout en louant le zèle, la bonne volonté, l'esprit de solidarité
qui animent les délégués des Organisations, et en tenant compte
de ce qui dans leurs idées peut nous aider à perfectionner notre
projet, nous avons dû revenir au programme primitivement adopté
et rentrer dans le premier projet qui a rallié à peu près tous les
suffrages.

Ceci dit, citoyens, nous allons vous donner lecture du rapport
du camarade Garcin qui n'est en quelque sorte que la suite du
rapport de Tours.

En voici la teneur :

Le second Congrès de la Confédération générale du travail,
tenu à Tours l'année dernière, a porté ses fruits ; nous avons déjà
eu et nous aurons encore, au cours de ce nouveau Congrès, l'occasion et le plaisir de constater que la plupart des projets qui y
furent étudiés sont en voie de réalisation. L'organisation syndicale
s'améliore de jour en jour, le groupement des travailleurs sur le
terrain purement économique s'accentue, et le prolétariat plus
puissant, grâce aux efforts réunis et syndiqués de tous, peut
enfin travailler excellemment au triomphe des revendications
ouvrières.

Mais, parmi tant de projets intéressants soumis à l'approbation
de notre précédent Congrès, un entre autres a particulièrement
retenu et captivé l'attention ; c'est la création d'un grand journal
quotidien à 5 centimes, qui constituerait au prolétariat un avocat
précieux, un défenseur habile, un merveilleux agent de propagande, en même temps qu'il pourrait nous assurer dans un avenir
prochain les ressources pécuniaires nécessaires à la défense de
nos idées, de nos intérêts et de nos droits.

A la lecture du rapport de la troisième commission qui établis-
sait nettement les bases et le fonctionnement de ce journal, la
surprise fut grande : les délégués présents, qui ne s'attendaient
pas à se trouver en présence d'un projet complet au triple point
de vue économique, administratif et financier, s'y rallièrent immédiatement pour ainsi dire sans discussion en lui donnant, au nom
de leurs Organisations respectives, une approbation enthousiaste
et unanime.

Ce qui les avait surtout frappés, c'est cette partie du rapport où, après avoir passé en revue la presse et particulièrement la presse parisienne, le rapporteur démontrait que les journaux actuels ne défendent et ne servent que les intérêts de ceux qui les paient ou les subventionnent, en arborant le drapeau qu'on leur impose : tels les journaux politiques. Quant aux journaux d'information pure qui sont au plutôt prétendent être indépendants, il est aisé de reconnaître que leur indépendance n'est qu'un mot, leurs bulletins politiques indiquant clairement quelque influence anonyme ou autre.

Ainsi, dans la majorité des journaux existants, on peut dire que la bonne foi est suspecte, la vérité travestie, et, par conséquent, le lecteur dupé et induit en erreur.

Le projet de journal présenté par la Confédération, et si bien accueilli il y a un an, a été conçu dans un tout autre esprit. Il ne s'agit plus de recourir à aucun subside louche, ni d'accepter aucune ingérence étrangère, il ne s'agit plus de manœuvrer dans des eaux troubles; c'est au grand jour, et en faisant simplement appel au concours de tous les travailleurs que nous voulons vivre et persister.

Déjà l'idée a fait son chemin. Des concours dévoués et nombreux nous sont assurés, nous pouvons dire sans exagérer que le projet est en voie de réalisation; et grâce à la bonne volonté, à l'activité, à la ténacité de nos Syndicats, et des Organisations ouvrières, et coopératives, le rapporteur de la Commission du journal pourra, l'année prochaine, passer de la théorie à la pratique.

Mais, pour que l'entreprise soit possible et ensuite que la réussite soit durable, il faut que notre projet soit parfaitement compris, qu'aucun doute sur nos intentions ne puisse subsister dans l'esprit de ceux qui nous apportent ou nous apporteront leur concours; il faut que la conception initiale du journal soit maintenue telle qu'elle fut acceptée au dernier Congrès.

La Commission du journal de la Confédération générale du Travail ne saurait trop mettre les délégués en garde contre le danger qu'il y aurait à abandonner le terrain purement économique; nous savons tous par des expériences malheureuses que la désunion se glisserait dans nos rangs si nous nous laissions aller à faire de la politique militante et de notre journal un organe de polémique.

Au contraire, pas de politique, pas de désunion. Les Congrès ouvriers pourraient nous servir d'exemple. Je ne signalerai que l'insuccès du Congrès politique de Londres qu'on pourrait appeler Congrès de Babel, ou de la confusion des langues, que pour faire ressortir le succès de nos Congrès économiques, où la plus parfaite cordialité n'a cessé de régner malgré les avis divergents et les vues parfois dissemblables.

C'est que nous étions là sur un terrain de concorde ayant à cœur de défendre des intérêts communs pour une cause commune, et, quoique ayant des opinions politiques différentes, nous n'avions pas à les exprimer. Nous avions simplement été convoqués à cette assise du travail pour faire œuvre syndicale, pour discuter des questions purement économiques, et chacun apportait, à cet effet, au nom de l'Organisation qu'il représentait, les moyens les meilleurs pour affranchir les travailleurs du joug capitaliste.

Or, dans notre journal, c'est précisément sur ce terrain que nous devons rester, mais en tenant compte toutefois que ceux d'entre nous — et ils sont nombreux — qui veulent se tenir au courant de la politique doivent trouver dans le journal qu'ils lisent toutes les informations qui peuvent les intéresser. Si nous voulons que le journal du Prolétariat vive et prospère il ne faut pas imposer aux travailleurs la dépense supplémentaire d'une seconde feuille quotidienne, il faut que notre organe soit aussi complet, aussi intéressant que le journal auparavant choisi, il faut en un mot qu'il réponde à tous nos besoins.

Mais comment concilier nos besoins qui sont semblables avec nos opinions qui sont différentes?

Je crois utile de vous rappeler le moyen de conciliation indiqué par la Commission du journal au Congrès de Tours :

De même que, dans nos syndicats, nous laissons la politique à l'écart sans jamais la mêler à nos intérêts corporatifs, de même, dans notre journal, nous pouvons lui assigner une place à part, en dehors, et l'y murer en quelque sorte pour éviter toute polémique.

Quant à l'information politique, nouvelles parlementaires, compte rendus des Chambres, Conseils municipaux, Congrès, réunions et autres, la plus rigoureuse impartialité y sera apportée.

Si nous insistons particulièrement sur ce point, c'est qu'avec ce système il n'y a rien à craindre; aucune discussion à redouter, aucune polémique à engager. Quelles que soient les opinions politiques de nos lecteurs, nous les satisfaisons tous dans la plus large mesure; le journal conserve son indépendance et, animé de la pensée, de l'énergie socialiste, il peut entreprendre une lutte utile pour la conquête des réformes économiques.

Ce programme, élaboré par la Commission du journal, avait séduit les délégués de Tours et ils avaient chargé la Confédération du Travail de mettre sur pied l'organe des revendications ouvrières.

Une réunion publique, organisée par la Commission du journal, et où les orateurs socialistes les plus justement renommés apportèrent leur concours, n'eut malheureusement pas le résultat qu'on en attendait. Au dernier moment, le gouvernement, fidèle à sa politique de bâtons dans les roues, refusa de nous donner la grande salle de la Bourse du Travail, bien qu'il nous l'eût, au préalable, hypocritement accordée. Nous dûmes nous contenter de la Salle du Commerce [sans avoir le temps et les moyens de prévenir notre public. L'intérêt de cette réunion n'en fut pas moins très vif. Tout ce qu'il est possible de dire sur cet intéressant sujet y fut dit; chacun des orateurs exposa, selon ses vues, ses opinions, son tempérament personnel, le type du journal qu'il croyait préférable. On pourrait peut-être leur reprocher d'avoir perdu de vue, dans l'éloquence de leurs discours, le projet général de la Confédération, mais ils ont tous été unanimes à reconnaître que le journal s'impose et qu'il est indispensable à la classe ouvrière.

Quoi qu'il en soit, le rôle de la Commission du journal n'est pas de discuter les idées particulières aux différentes écoles, mais elle doit, tout au contraire, rentrer dans le projet initial adopté à Tours, en apportant, avec une argumentation plus serrée et plus mûrie, des développements et des explications complémentaires et certaines modifications financières jugées nécessaires à la rapide réalisation du projet. Examinons donc, dans ses détails, l'organisation du journal :

Une Commission, nommée par la Confédération et composée de trois ou cinq membres, s'érigera en Comité de direction. Elle procédera au lancement et surveillera le fonctionnement du journal. Mais elle s'adjoindra deux hommes scrupuleusement choisis par elle, ayant les capacités techniques nécessaires pour assurer une bonne gestion et une composition de premier ordre à notre organe. Savoir : un administrateur dirigeant les services de l'envoi des journaux, de la comptabilité, de la correspondance, des annonces, etc., et un secrétaire de rédaction, qui devra être un homme de grande valeur, rompu au métier, ayant le talent, le flair, l'expérience, que nécessitent un poste aussi difficile, aussi délicat, aussi compliqué, en un mot, le parfait journaliste, capable de nous organiser un journal de haut intérêt, rédigé par des écrivains d'élite, par des reporters habiles, un organe de tous points supérieur tant par la rapidité, l'exactitude des informations que par la qualité des articles.

Administrateur et secrétaire de rédaction choisiront eux-mêmes leurs employés ou collaborateurs qui auront leur confiance, car ils seront seuls et entièrement responsables vis-à-vis du Comité de direction et chacun dans leur service respectif.

En effet, il est évident que les membres du Comité de direction n'ayant pas les aptitudes spéciales nécessaires ne peuvent avoir la prétention d'administrer ou de rédiger sans s'exposer à un échec. Ils n'ont ni qualité ni savoir pour organiser les services se rattachant au journal et apprécier la valeur des collaborateurs multiples que nécessitent ces services.

Nous pouvons rassurer tous ceux qui ont exprimé des craintes au sujet du contrôle et qui gardent encore quelques inquiétudes. Le système que nous venons de vous exposer présente, entre autres avantages, la possibilité d'assurer un contrôle d'autant plus rigoureux qu'il sera simplifié. La Commission de direction, dans chacune de ses séances, se permettra toutes les observations, investigations, réclamations, s'il y a lieu, que réclame une gestion scrupuleusement conforme à notre programme. Il est bien entendu que les opinions politiques personnelles de tous les employés devront complètement disparaître devant la ligne de conduite tracée par la Confédération et que la Commission du journal garde toutes ses prérogatives de Comité directorial.

Ceci réglé, passons à la partie financière et revenons sur le projet de Tours.

Le recensement général des abonnements, insuffisant pour procéder en toute sécurité au lancement du journal, nous met dans l'obligation de rechercher des voies et moyens plus pratiques ou plus rapides pour aboutir d'abord, pour vivre ensuite.

Quoique nos syndicats aient pris l'affaire à cœur en s'imposant des sacrifices d'argent qu'on ne leur avait pas encore demandé, et que les syndiqués aient répondu dans une certaine mesure à notre appel, il faut faire plus encore, il faut qu'une armée aussi considérable que la nôtre nous donne de nombreuses et nouvelles recrues. C'est bien le moins que nous puissions faire que d'assurer l'existence au camarade qui défendra nos idées les plus chères et revendiquera nos droits.

D'autre part, outre les abonnements, les syndicats, de leur côté, en faisant un nouvel effort, pourraient nous apporter un capital assez considérable pour constituer les fonds de lancement et de réserve indispensables.

Et même allons plus loin; pourquoi limiterions-nous notre action aux organisations syndicales? Pourquoi ne pas l'étendre aux coopératives en adressant à ces vaillantes sociétés, que tant de liens unissent à nos syndicats, un pressant appel.

Sans vouloir examiner ici le rôle que jouent les coopératives dans le mouvement économique, il nous est permis de penser qu'en cette occurence elles pourraient nous prêter appui moral et pécuniaire.

On les a calomniées en les accusant d'égoïsme. Elles ont donné une grande preuve de solidarité socialiste lorsqu'il s'est agi de fonder la Verrerie ouvrière d'Albi, en rivalisant de zèle avec nos syndicats. Du reste, est-ce qu'elles n'ont pas intérêt à ce que notre projet aboutisse? Le bulletin coopératif a sa place toute marquée dans notre journal, et l'organe des travailleurs peut leur rendre de grands services pour leur propagande.

Reste à savoir dans quelles conditions nous devons accepter les fonds des Organisations et Coopératives ?

Nous ne pouvons faire usage des capitaux prêtés que sous certaines conditions dont la Métallurgie de l'Oise nous donne très heureusement la formule en nous apportant, outre trois cents abonnements, une somme de trois mille francs, sans date de remboursement et sans intérêts.

Ces questions financières étant réglées, il nous reste à vous parler de la propagande et à vous dire comment nous la comprenons.

Puisqu'il est inévitable de recommencer la lutte pour des abonnements et souscriptions, il faut agir sans retard, agir avec efficacité. A l'heure actuelle, nous n'avons le droit de rien négliger : il faut que tous les moyens dont nous disposons concourent à nous faire atteindre le but.

Selon nous, il faudrait multiplier les conférences et qu'à chacune de nos réunions syndicales on fît un appel pour le journal. Il faudrait surtout que les délégués en tournées de propagande pour leurs syndicats en profitent pour propager notre projet. Cela a déjà été fait, peut-être, mais insuffisamment : on aurait pu mieux.

Enfin, nous espérons que les délégués présents, en rendant compte de leur mandat, auront à cœur d'insister, de faire ressortir les avantages d'un journal que nous déclarons tous indispensable à la classe ouvrière; nous comptons sur eux pour revenir à la charge jusqu'à ce que notre organe puisse être mis sur pied, c'est-à-dire que nous ayons tous les éléments nécessaires à sa réussite.

D'ici là il faut attendre. Quel que soit notre désir d'aboutir, nous n'avons pas le droit de donner un coup d'épée dans l'eau, de compromettre une œuvre grandiose et fertile en résultats en lançant trop hâtivement une feuille insuffisante, mesquine, inutile, et sans aucun chance de succès.

Nous ne pouvons partir qu'à coup sûr.

Le prolétariat a été si souvent trompé que le leurrer encore avec de vaines promesses serait lui ôter définitivement toute confiance.

Un échec rendrait impossible d'ici bien longtemps la création de ce journal que nous appelons de tous nos vœux.

Mais pour triompher, il faut que le prolétariat nous en donne les moyens, il faut qu'il nous apporte un concours dévoué et enthousiaste. Il est la force souveraine puisqu'il est le nombre : qu'il le veuille, qu'il le veuille très fermement et aussitôt le journal des travailleurs est fondé.

CONCLUSIONS

La Commission déclare approuver les travaux du Congrès de Tours sur le journal quotidien.

Elle approuve l'idée émise par les Métallurgistes de l'Oise, idée qui consiste à demander un seul versement de 25 centimes à chaque syndiqué pour aider à l'apparition du journal, sans préjudice des abonnements et des fonds que les Organisations ouvrières et Coopératives pourront mettre à notre disposition pour la propagande. Elle demande aux journaux corporatifs de bien vouloir publier intégralement les deux rapports concernant le journal.

Elle demande, en outre, qu'aussitôt possible, la Confédération générale du Travail fasse imprimer un bulletin unique, ou une petite brochure contenant lesdits rapports pour être distribués gratuitement et à profusion à toutes les organisations ouvrières.

Elle invite tous les délégués présents et tous ceux qui vont en tournées, soit pour leur compte personnel ou pour leur Organisation, à faire la plus active propagande en faveur du journal.

La proposition suivante a été faite par le citoyen Hamelin. Elle a été adoptée par 6 voix contre 2 et 1 absence :

Pour la création du journal quotidien, la Confédération du Travail émettra 2,000 actions à 100 francs ne rapportant aucun intérêt. Elles seront nominatives et numérotées.

Ces actions ne pourront appartenir qu'à des syndicats ou sociétés coopératives ouvriers.

Lorsqu'une Organisation aura placé pour 200 francs d'abonnements, elle deviendra, par ce fait, propriétaire d'une action.

Tout apport de fonds donnera droit à une action par autant de 100 francs.

Les dons seront acceptés. Ils peuvent être affectés par leurs donateurs à une Organisation.

La publication du journal ne pourra commencer avant que l'encaisse ne soit de 100,000 francs et qu'il y ait au moins 10,000 abonnements de trois mois.

Les abonnements pourront n'être que de 5,000 si l'encaisse est de 150,000 francs.

Dans la période d'organisation, il ne pourra rester entre les mains du trésorier aucune somme au-dessus de 1,000 francs, et celles nécessaires aux frais généraux. Le reste sera déposé dans une banque sous la responsabilité du Comité général de la Confédération du Travail qui choisit son trésorier.

Lorsqu'il y aura des bénéfices, 30 % seront prélevés pour la caisse de réserve et 70 % serviront à rembourser les Organisations actionnaires, de façon à ce que le journal quotidien devienne la propriété de la Confédération.

Les 30 % seront prélevés jusqu'au moment où la caisse de réserve atteindra 200,000 fr.

Par suite de l'extension du journal, cette réserve pourra être augmentée par décision d'un Congrès.

A n'importe quel moment les bénéfices ne pourront servir qu'à la propagande ouvrière.

Le Congrès de la Confédération seul disposera des fonds.

Les Rapporteurs,
A. HAMELIN, GARCIN.

La Commission :

GANDON (Syndicat typographique d'Angers), GARCIN (Fédération des Mouleurs en métaux, Paris), GOILLANDEAU (Fédération du Bâtiment de Nantes), HAMELIN (Fédération des Travailleurs du Livre, Paris), MAISON (Fédération des Coupeurs-Brocheurs en chaussures, Paris), NEYRON (Bourse du Travail de Saint-Etienne), RANGOULE (Bourse du Travail de Narbonne), RIBRAC (Bourse du Travail de Nantes), ROGER (Fédération des Ouvriers de la Voiture, Paris).

Après la lecture du rapport, une longue discussion s'engage entre divers membres du Congrès au cours de laquelle **Guérard** exprime l'avis, comme conclusion, qu'il serait peut-être bon que tous les représentants, au nom des Organisations qui les ont mandatés, s'engageraient à prendre un certain nombre d'abonnements.

Hamelin désirerait que le journal soit une propriété collective, c'est-à-dire qu'il n'appartiendrait à personne tout en étant la propriété de tous.

Si, ajoute **Hamelin,** le Congrès décidait que pour obtenir les fonds nécessaires afin de permettre la création du journal, on procédait par actions ou obligations, il est incontestable qu'à un certain moment, le journal deviendrait la propriété de ceux qui possèderaient en plus grand nombre ces actions ou obligations.

Garcin, rapporteur, dit que la question étant très importante, il s'agit de prendre telles mesures nécessaires afin de prévenir les troubles qui pourraient surgir à l'avenir dans le journal.

Claverie déclare qu'il n'est pas partisan du système par actions, car ce serait se rapprocher du système financier bourgeois.

Pacotte. — Il me semble qu'on discute beaucoup en ce moment, à côté de la véritable question d'existence de notre journal quotidien; on paraît absorbé dans la réalisation de trouver un capital de 100 ou 200 mille francs, somme qui n'assurerait pas la vitalité de notre organe.

Quand vous aurez trouvé cette somme, voir même d'avantage, vous n'aurez assuré que l'apparition d'un certain nombre de numéros et c'est tout. Ce qu'il faut surtout, ce sont des abonnements et c'est sur ce point que j'insiste, ma lumière ayant été faite au sein de la Confédération générale du Travail, où l'on avait convoqué différents journalistes compétents en la matière et qui tous ont été d'accord pour nous assurer qu'avec 15 ou 20 mille abonnements nous pourrions marcher sans crainte, que le succès de notre journal était assuré, et, par conséquent, le capital de second ordre en la circonstance.

J'estime donc qu'il suffirait aux Congressistes de faire un appel chaleureux dans toutes les Organisations sur le but à atteindre et à apporter sur ce point toute l'attention des syndiqués pour qu'enfin nous ayons un organe né viable, en dehors de toute influence capitaliste et politique, ce qui est un sûr garant de la valeur des questions qui y seront traitées.

Cumora, au nom de l'Union des Ouvriers Mécaniciens, dit que ce Syndicat a décidé la création d'un journal; mais, au point de vue financier, il n'est pas partisan d'émission d'actions.

Cumora déclare, cependant, que l'Union des Ouvriers Mécaniciens encouragera dans la mesure du possible la création de ce journal qui doit mener le bon combat pour l'émancipation des travailleurs.

Soudant déclare que la Fédération des Travailleurs municipaux s'engage à prendre 100 abonnements annuels et à verser, à titre de premier apport et comme participation pécuniaire pour la création du journal, une somme de 100 francs.

Le Syndicat des Services Réunis s'engage à verser, à titre de participation pécuniaire, la somme de 200 francs, plus 150 francs, comme protestation contre le Préfet de la Seine qui a refusé à un de nos camarades un congé pour aller assister au Congrès de Toulouse.

Grentzel fait la même déclaration.

Faberot émet l'avis que le système par actions est antidémocratique et qu'avec ce procédé le but que l'on désire atteindre ne le sera pas, puisque le journal ne pourra jamais appartenir au prolétariat. Il restera forcément la propriété des actionnaires.

Hamelin rappelle les discussions qui se sont élevées à ce sujet, au dernier Congrès de Tours ; il s'étend longuement sur la manière dont les actions pourraient êtrs remboursées et sur les bénéfices que réaliserait le journal tiré à 100,000 exemplaires.

Briat dit qu'il est étonné que la Commission ne demande que cent mille francs pour la création du journal quand il en faudrait compter au moins trois cent mille. Il se déclare adversaire des actions, car demander de l'argent aux Organisations ouvrières, en leur laissant entrevoir un remboursement plus ou moins proche, est bien aléatoire. Nous ne devons pas nous illusionner : il faut manger de l'argent pour faire prendre un journal et il sera impossible de le rembourser.

Briat est partisan d'accepter les dons, et que la Confédération générale du Travail fasse une émission de carnets d'abonnements qui seront à la disposition des Syndicats.

Les délégués de Nantes déclarent qu'ils ont mandat de s'opposer à toute création de journal.

Le président met aux voix la proposition de principe suivante, signée **Delesalle** :

Le Congrès corporatif décide qu'il y a lieu d'accepter le principe de la création d'un organe quotidien.

Cette proposition est adoptée.

Sur les moyens financiers à adopter pour arriver à la création de ce journal quotidien, organe de la Confédération générale du Travail, le citoyen **Majot** déclare que la Confédération générale du Travail devant être une Organisation unitaire du travail salarié, il ne comprend pas toutes les critiques ou les craintes qui se formulent sur le rapport de la Commission, qui présente, selon lui, la possibilité de trouver ses ressources ; il ajoute qu'il ne croit pas qu'un seul syndiqué à qui l'on aura fait entrevoir les avantages de la création de cet organe quotidien puisse refuser les 25 centimes pour créer les ressources nécessaires à son apparition.

Il ne peut, selon lui, y avoir de doute pour ceux qui sont sincères, car 25 centimes ne représentent pas une somme impossible à verser, même pour les plus malheureux, attendu que c'est eux qui y ont le plus d'intérêt ; il déclare appuyer le rapport de la Commission et propose de considérer comme

réfractaire et d'exclure des Syndicats tous ceux qui combat-
traient ces propositions.

Renaudin combat les conclusions Majot et préconise le
système par actions.

Les citoyens **Capjuzan** et **Thierrard** déposent sur le bureau
une proposition tendant à faire distribuer un grand nombre
de cartes honoraires livrables au sein des Syndicats au prix
de 25 centimes. Ces cartes ne seraient valables que pour une
année.

En voici le texte soumis à l'Assemblée :

CONFÉDÉRATION GÉNÉRALE DU TRAVAIL

CARTE HONORAIRE

De participant à la création et à l'œuvre du journal quotidien

ANNÉE 1898

Groq au nom de la Bourse du Travail de Limoges, pré
conise d'agir comme l'on a agi pour la Verrerie ouvrière. Il
finit, en invitant le Congrès, à adopter le système par actions
présenté par Hamelin. Il déclare, en outre, que dans le Syndicat qu'il représente, les Employés de Commerce de Toulouse, on l'a vivement chargé de protester contre le système
par actions.

Après un échange d'observations, la clôture demandée est
prononcée.

Il est donné lecture d'une proposition signée **Guérard** et
Pacotte :

La somme nécessaire à l'existence du journal sera constituée
exclusivement par des abonnements et des prêts.

Pour rendre plus claires les conclusions de la discussion,
sur le mode de recrutement à adopter pour recueillir les
fonds nécessaires à la création du journal, il est procédé à
cinq votes différents :

1° Mode de recrutement par actions. — Adopté.

2° Mode de recrutement par impositions par Organisations
syndicales, impositions en dehors des actions. — Repoussé.

3° Mode de recrutement par abonnements. — Adopté.

4° Mode de recrutement par prêts. — Adopté.

5° Mode de recrutement par cartes. — Adopté.

La séance est levée à midi.

SEPTIÈME SÉANCE

JEUDI 23 SEPTEMBRE 1897 (soir).

La séance est ouverte à 2 heures.

Le bureau est ainsi constitué : Président, Pinel ; assesseurs, Maison et Chiron.

Les délégués de Nantes, **Goïllandeau et Ribrac**, tiennent à faire une rectification au procès-verbal, concernant la création d'un journal corporatif.

Ils déclarent s'en tenir à leurs déclarations faites à la deuxième commission concernant la création d'un Bulletin officiel général du travail hebdomadaire ou bimensuel et, en aucun cas, ne pouvoir faire de la politique électorale.

Dumas (Nîmes) fait des réserves sur la publication d'un journal quotidien. Il a reçu mandat de voter contre cette proposition, mais il s'engage, en rentrant à Nîmes, à faire part à la Bourse des bonnes raisons qu'on a fait valoir en faveur de cette publication.

Pinel donne lecture d'un amendement de **Claverie** tendant à décider qu'un Syndicat ne pourra avoir plus du tiers des actions émises pour la création du journal, cela dans le but d'empêcher l'accaparement dudit journal.

Guérard déclare qu'il serait préférable de limiter le nombre d'actions par chaque syndicat, qui ne pourrait en prendre plus de vingt, à cent francs.

Cette proposition est adoptée.

Des protestations bruyantes s'élevant au sujet de ce vote, **Groq** invite l'assemblée à se montrer plus tranquille pour faciliter la tâche du Secrétariat.

Claverie demande qu'un Syndicat ne puisse posséder plus du cinquième des actions totales. Cette proposition est repoussée.

Maiot désirerait que le nombre des actions soit limité.

Une discussion s'engage sur la confection des statuts du journal.

Hamelin propose que la confection des statuts du journal soit renvoyée à la Commission de la Confédération du Travail qui la fera ratifier par le prochain Congrès (ce qui n'empêchera pas la Confédération de lancer le journal d'ici là, si c'était possible.) — Adopté.

Il est donné lecture des divers ordres du jour parvenus au bureau, touchant la règlementation intérieure administrative et littéraire du journal.

Ordre du jour Guérard (adopté) :

Le journal ne préconisera aucune candidature.

Ordre du jour Coloni (repoussé) :

Toute politique en dehors de la question ouvrière et prolétarienne en sera rigoureusement exclue.

Ordre du jour Cumora, Lemaître, Delesalle, Brial (adopté) :

Le journal ne doit être rédigé que par des syndiqués ; il ne traitera que les questions économiques, réservant une place pour la politique générale, diplomatique, etc., etc., et, en outre, les articles ne seront pas signés.

Ordre du jour Girard (repoussé) :

Comme le journal de la Confédération générale du Travail est un organe voté par le Congrès corporatif, je demande que tous les écrivains politiques se déclarent partisans de la grève générale.

Ordre du jour Coignard (adopté à l'unanimité) :

Je propose que tous les élus ou écrivains socialistes qui pour satisfaire ou défendre leur école politique dans une localité sèment la discorde et la division du prolétariat, en calomniant certains militants, soient exclus de la rédaction du journal de la Confédération.

Ordre du jour Besset (adopté à l'unanimité) :

Aucune décision prise par les Congrès corporatifs de la Confédération ne pourra être combattue par les collaborateurs du journal.

Aucune polémique de parti ne pourra y être admise.

On passe à la discussion de la troisième question à l'ordre du jour : *Création de Fédération nationale par corporation et parties s'y rattachant.*

Cumora, délégué des ouvriers Mécaniciens du département de la Seine, donne lecture du rapport de la troisième Commission qui s'est occupée de l'étude de cette question :

La troisième Commission chargée d'étudier la troisième question de l'ordre du jour du grand Congrès corporatif de Toulouse, c'est-à-dire la création de Syndicats nationaux par corporation et parties s'y rattachant, a décidé, après une étude sérieuse et approfondie de cette question, la modification du texte apportée sur les ordres du jour de ce dit Congrès.

Les mots Syndicats nationaux ayant choqué une foule d'Organisations, Fédérations, Syndicats, etc., etc., en temps que difficultés que ces Syndicats nationaux auraient à surmonter, vis-à-vis de la loi, pour se constituer, en outre, la Commission, se basant sur les diverses Organisations nationales déjà existantes, a cru bon de changer le premier titre en celui de « Création de Fédération nationale de métiers et parties s'y rattachant. »

C'est donc sous ce titre que la Commission propose nationalement l'Organisation syndicale par corporation.

La Commission entend cependant que pour les industries dépendant d'administrations centrales, telles que les Chemins de fer, par exemple, il y a intérêt et même nécessité pour leur action et leur fonctionnement, à ne former qu'un Syndicat unique.

Nous devons, tout d'abord, vous signaler que la Commission a examiné divers rapports:

Le premier provenant de la Bourse du Travail du Mans.

Le deuxième de la Fédération des Cuirs et Peaux.

Le troisième, Union des Mécaniciens du département de la Seine.

Le quatrième, de l'Union des Syndicats du département de la Seine.

Enfin deux décisions prises, l'une par la Fédération des Chambres syndicales des Coupeurs et Brocheurs en chaussures ; l'autre par la Chambre syndicale typographique du Mans.

Ces différents rapports, particulièrement ceux émanant de la Bourse du Travail du Mans, de la Fédération des Cuirs et Peaux, de l'Union des ouvriers Mécaniciens du département de la Seine, et enfin les décisions des Chambres syndicales des Coupeurs et Brocheurs en chaussures, bien que différents à première vue et sur quelques points, sont d'un accord parfait sur la Fédération nationale de métiers.

Cette création de Fédérations nationales de métiers et parties s'y rattachant paraît, tout d'abord, demander une transformation dans l'œuvre fédéraliste existante et ce n'est pas sans raison que les membres de la Commission ont pressenti qu'elle leur serait plus ou moins contestée.

Aussi, nous croyons de notre devoir de soumettre aux congressistes les avantages que nous procurent les Fédérations existantes, comparativement à ceux prévus par notre proposition.

Pour bien se rendre compte de la nécessité qui nous guide

dans la recherche de ces moyens, il n'y a qu'à examiner la situation qui, la plupart du temps, est faite à telle ou telle corporation en grève.

Sauf quelques Fédérations comme celle des Travailleurs du Livre, Chemins de Fer, etc., etc., quels sont les avantages que procurent la plupart des Fédérations?

Pour y répondre, il ne s'agit pas de chercher longtemps, car diverses Fédérations, telles que Fédération du Bâtiment, Cuirs et Peaux, etc., etc., n'apportent aux groupements fédérés qu'un appui moral.

Aussi, est-il bon de faire remarquer que de tels avantages sont insuffisants pour assurer le triomphe de nos revendications.

Quoique, en principe, adversaires des grèves partielles, les Organisations ouvrières sont parfois obligées d'entrer en lutte contre le patronat, et, à de très rares exceptions, ces diverses Organisations n'obtiennent satisfaction que grâce aux moyens pécuniaires qui leur permettent, par la suite, de maintenir la solidarité dans leurs rangs.

Sans moyens pécuniaires il arrive toujours, ou du moins dans la majorité des grèves, que l'indifférence, le souci du lendemain, s'empare d'un certain nombre de grévistes. Ces derniers reprennent le travail aux conditions qui leur sont imposées, forçant, par cet indigne procédé, les camarades entrés en lutte à subir les mêmes exigences.

Cet effet désastreux se répercute dans les forces syndicales qui subissent, par la suite, une perturbation qu'il est parfois très difficile d'aplanir.

Si l'on envisage la multiplicité des grèves partielles, on arrive à comprendre aisément qu'une Fédération de métiers n'ayant qu'une caisse de grève serait d'une efficacité tout autre que celles existant actuellement et qui n'apportent, à leurs Organisations fédérées, qu'appuis moraux, tels que : entretien de correspondance, impression de listes de souscription, centralisation de fonds, etc., etc.

Un autre argument à l'appui de notre proposition engagera, nous croyions en avoir la certitude, les congressistes à étudier sérieusement cette question.

On ne saurait oublier qu'il appartient à chaque Organisation de secourir l'ouvrier syndiqué qui, par les nécessités de l'existence, la lutte pour la vie, est obligé d'errer, lui et sa famille, de ville en ville, parfois signalé comme propagandiste et souvent comme malfaiteur. Pour cette raison, il serait bon de créer, comme cela se pratique dans la Fédération des Travailleurs du Livre, un viaticum pour éviter à ces travailleurs une arrestation pour vagabondage.

La création de ces Syndicats nationaux, ou, pour être plus explicite, création de Fédérations de métiers et parties s'y ratta-

chant, amènerait, comme le fait remarquer la Fédération nationale des Cuirs et Peaux, l'abolition des personnalités et changerait
l'esprit de sectarisme imprégné malheureusement dans certains
syndicats.

Pour cela il faudrait, et ce serait leur but, que les Fédérations
nationales de métiers, en supprimant ces personnalités, unissent
les travailleurs d'une même corporation dans un sentiment de
solidarité réciproque et dans la communion d'idées généreuses
émancipatrices du prolétariat tout entier.

Ce sont ces sentiments qui ont guidé certaines Fédérations
nationales de métiers en bonne voie d'émancipation.

La Commission citera comme exemple la Fédération nationale
des Mouleurs de France, qui, depuis sa création, a acquis, non-
seulement plus d'expansion comme syndiqués, mais la certitude
d'avoir groupé une foule de Syndicats qui précédemment étaient
antagonistes.

Tout en conservant l'autonomie des Syndicats, la création de
ces Fédérations de métiers et parties s'y rattachant, aurait le
grand avantage de grouper les forces d'un même métier dans un
même élan de solidarité.

Enfin, pour englober, pour unifier ces diverses Fédérations
nationales de métier, la Commission estime, comme le mentionne
le rapport de l'Union des ouvriers Mécaniciens que la Confédération nationale du Travail est seule appelée à généraliser ces divers
éléments des forces prolétariennes.

Prenant un exemple dans la nature, la Commission compare la
Confédération générale du travail à un arbre immense dont la
vitalité provient de ses racines, qui ne seraient autre chose que
les Fédérations nationales de métiers et parties s'y rattachant.

Pour ces diverses raisons, la Commission estime et engage les
congressites à créer des Fédérations nationales de métiers qui,
toutes centralisées par la Confédération du Travail, procureront au
prolétariat une force telle qu'il lui faudra peu d'efforts pour renverser l'édifice vermoulu de cette société bourgeoise et capitaliste qui nous opprime.

Vivent les Fédérations nationales de métiers.

Vive la Confédération du Travail !

L. CUMORA,
Union des Ouvriers Mécaniciens du département
de la Seine.

Richer, délégué de la Bourse du Travail du Mans, porte
à la connaissance du Congrès que la question des groupements nationaux par corporations et parties s'y rattachant
émane de la Bourse du Mans et des Organisations syndicales

qui y sont adhérentes. En conséquence, il dépose le rapport suivant sur cette question :

RAPPORT

SUR LA TROISIÈME QUESTION A L'ORDRE DU JOUR DU CONGRÈS CORPORATIF DE TOULOUSE.

CRÉATION DE FÉDÉRATION NATIONALE
Par Corporations et parties s'y rattachant

CITOYENS,

Voici l'importante question que nous avons jugé à propos de soumettre au Congrès corporatif de Toulouse.

Sans rien préjuger de la décision du Congrès, nous devons tout d'abord déclarer que, de l'avis de l'Union des Syndicats du département de la Seine, l'organisation de Syndicats nationaux offre de sérieuses difficultés vis-à-vis de la Loi sur les Syndicats professionnels.

Nous nous sommes vus dans l'obligation, pour éviter ces inconvénients, de changer le titre de notre proposition primitive en celui de *Création de Fédération nationale par Corporations et parties s'y rattachant.*

C'est donc sous ce titre que nous proposons nationalement l'organisation syndicale par corporation.

A première vue, elle semble offrir toute une transformation dans l'œuvre fédéraliste existante, lorsque positivement cette transformation est très simple. Ce n'est pas sans raison, peut-être, que les Organisations mancelles ont envisagé qu'elle leur serait plus ou moins contestée.

Aussi, croyons-nous devoir exposer ici notre pensée sur les avantages que nous procurent les Fédérations existantes, comparativement à ceux prévus par notre proposition.

Bien que les Syndicats et la Bourse du Mans ne soient nullement hostiles au groupement fédéraliste actuel, il leur a semblé, cependant, qu'il était temps de rechercher des moyens plus efficaces provenant directement des Groupements syndicaux.

Pour bien se rendre compte de la nécessité qui nous guide dans la recherche de ces moyens, il n'y a simplement qu'à examiner la situation qui, la plupart du temps, est faite à telle ou telle corporation en grève, sauf quelques Fédérations comme celle des Travailleurs du Livre, etc.

Quels sont les avantages que procurent la plupart des Fédérations? Telle est, présentement, la question posée.

Pour y répondre, il ne s'agit pas de chercher longtemps, attendu qu'elles n'apportent qu'un appui moral aux groupements fédérés tels que les Fédérations du Bâtiment, des Cuirs et Peaux, etc. Aussi, doit-on faire remarquer que de tels avantages sont insuffisants à l'ouvrier pour assurer le triomphe de nos revendications lorsqu'il est en lutte avec le Patronat, vu que, sauf de trop rares exceptions, il n'obtient satisfaction qu'avec des moyens pécuniaires qui lui permettront, par la suite, de maintenir la solidarité dans ses rangs; au contraire, sans moyens pécuniaires, l'indifférence et le souci du lendemain s'emparent d'un certain nombre de grévistes qui n'ayant pas le courage de continuer la lutte rentrent au chantier, à l'usine, aux conditions qui leur sont imposées, forçant, par cet indigne procédé, la majorité de ceux qui sont rentrés en lutte à subir les mêmes exigences, effet désastreux qui, presque toujours, fait que les forces syndicales subissent une perturbation qu'il est par la suite très difficile d'aplanir.

En conséquence, si nous voulons arriver à supprimer ces causes néfastes, il importe de se fédérer nationalement par corporation; telle est, du moins notre conviction.

Il ne suffit pas, en effet, que des Fédérations de métiers n'apportent qu'un appui moral aux fédérés, tel que : entretien de correspondances, impression de listes de souscription, centralisation des fonds souscrits pour les grèves et organisations des Congrès, car, si l'on envisage la multiplicité des grèves partielles qui nécessitent l'envoi à profusion de listes de souscription que reçoivent annuellement les Organisations, chacun pourra se rendre compte que, par suite du nombre, le rapport de ces listes est bien maigre et presque toujours insuffisant pour assurer aux grévistes des chances de succès. Cela est bien compréhensible, attendu que dans l'espace de quinze jours, un mois, les Syndicats sont saisis de plusieurs demandes de secours, qui fatiguent l'ouvrier syndiqué et font qu'il en arrive à ne presque plus tenir compte de ces appels à la solidarité, vu qu'ordinairement ce sont presque toujours les mêmes qui souscrivent.

On comprendra que devant un pareil état de choses il doit y avoir quelque chose à faire, de même qu'on ne saurait oublier qu'il appartient à chaque Organisation de secourir l'ouvrier syndiqué qui, par la force des nécessités de l'existence, est obligé de voyager sur les routes, soit par manque de travail, ce qui trop souvent arrive aux militants qui se voient dans l'obligation de voyager, eux et leurs familles, de ville en ville, après avoir été signalés comme propagandistes; il s'agit donc de faire établir, tel que cela se pratique dans la Fédération des Travailleurs du Livre, le viaticum, afin d'éviter, à ces ouvriers, d'être arrêtés pour vagabondage.

C'est donc au Congrès de Toulouse qu'il appartient de chercher à remédier à ce déplorable état de choses, et nous croyons que si chacun veut y mettre un peu de bonne volonté, cela ne sera pas impossible.

Voyons ensemble si l'organisation actuelle suffit aux besoins du prolétariat français; quant à nous, nous n'hésitons pas à répondre : non!

Et c'est pour ces motifs que nous vous proposons :

1° La création de Fédérations nationales par corporations et parties s'y rattachant;

2° La création de Confédérations nationales de ces Fédérations d'industries, telles que celles des Travailleurs des Cuirs et Peaux, du Bâtiment, etc.;

3° La Confédération générale du Travail, formée d'éléments de toutes ces Confédérations nationales d'industries.

Les attributions à donner à chacune de ces Organisations étant un des points des plus délicats, nous laisserons à chacune d'elle, le soin de les traiter au mieux des intérêts de la classe prolétarienne.

Nous nous bornerons simplement à citer ici, à l'appui de notre proposition, le bref exposé que voici, sur la création de Fédérations nationales par corporations, basées sur la corporation des Cordonniers, Cuirs et Peaux édictées par les Syndicats des Cuirs et Peaux du Mans.

En considérant qu'il y a en France 60,000 travailleurs de Cuirs et Peaux, on peut, selon toute probabilité, évaluer que les deux tiers soient syndiqués, soit 40,000, versant cinquante centimes de cotisations mensuelles; en admettant que sur ces cinquante centimes, vingt-cinq centimes soient perçus par membre payant, et versés à la caisse fédérale, cela nous donnera annuellement un capital de 120,000 francs.

Il reste vingt-cinq centimes par membre et par mois aux Syndicats, pour subvenir à leur frais de bureaux, correspondances et secours aux ouvriers syndiqués et de passage.

En ce sens, l'ouvrier à qui le patron voudrait individuellement faire supporter une réduction de salaire, étant syndiqué, son devoir sera de refuser, puis, immédiatement d'en référer au Bureau du Syndicat qui prendra les mesures que comportera la situation.

Par voie de délégation, s'il n'intervient aucun arrangement, le cas n'étant pas général, l'ouvrier, après enquête, pourra être considéré comme gréviste et toucher, selon la décision qu'auront à prendre ces Fédérations, soit 2 fr. 50 ou 3 francs par jour; le Syndicat et la Fédération, par correspondance, feront le possible pour lui trouver de l'embauche.

De même lorsqu'il s'agira d'une ou de plusieurs grèves de syndicats fédérés, ils toucheront de la Fédération 2 fr. 50 ou 3 francs par jour, pour chacun des grévistes, pendant un temps à déterminer par ces Fédérations corporatives.

Au point de vue de la fameuse concurrence constamment invoquée par le patronat, les ouvriers étant ainsi solidement organisés par corporation, chacune d'elles pourra en connaissance de cause y mettre un frein, attendu qu'elles pourront mieux connaître les questions de salaires, règlements d'ateliers, emplois des femmes et des enfants, etc., dans leurs industries; elles pourront, par région, établir des prix correspondant à nos besoins.

D'autre part, chacune de ces Fédérations corporatives pourra avoir une armée de militants qui, périodiquement, pourront se transporter sur les points les plus menacés, soit pour y soutenir une grève ou pour y faire de la propagande.

Tels sont, brièvement, les avantages que peut nous procurer l'organisation des Fédérations nationales par corporation que nous vous proposons de prendre en considération et d'étudier, considérant que toutes les corporations doivent s'inspirer des Fédérations déjà existantes qui procurent de semblables avantages, comme celle des Travailleurs du Livre, par exemple.

Nous espérons que chacun y apportera sa part d'initiative et d'action pour notre affranchissement.

Le Rapporteur délégué,

N. RICHER.

Faberot prend la parole et dit à l'assemblée que la division des travailleurs n'existe que par la diversité des Chambres syndicales et parce que dans chaque corporation, au lieu de se grouper tous ensemble, nous avons le malheur, nous trouvant guidés par des sentiments qui ne sont pas très louables, de quitter à propos d'un rien une Chambre syndicale pour aller en former une autre à côté. Si tous les hommes étaient unis, nous aurions une très grande force et le patronat ne tarderait pas à se voir dans la nécessité de se courber devant les revendications ouvrières. Vous pouvez être certain que, ni le gouvernement, ni les Compagnies, ni aucun Conseil d'administration d'un quelconque bassin houiller, ne pourrait nous en imposer. Le mieux que nous avons donc à faire est de nous grouper. Vive l'Union des Travailleurs libres ! Vive le rapport qui nous a été présenté et que je voterai !

Groq, au nom de son Syndicat des Employés de commerce, fait connaître à l'assemblée les motifs pour lesquels il sera obligé de voter contre l'établissement des Syndicats nationaux. Il ajoute que les trois quarts des Syndicats existants se trouvent dans les mêmes conditions que le sien, conditions qui sont celles-ci : les exigences et les ressources locales, devant lesquelles ils doivent s'incliner, sont différentes, suivant le milieu où elles se manifestent.

Seigné dit que lorsqu'elle a reçu l'ordre du jour proposé par Le Mans, l'Union des Syndicats a demandé des explications, car la création de syndicats nationaux est antagoniste avec le principe fédéral et la négation des Bourses du Travail; que cette proposition émane du Syndicat en Cuirs et Peaux réunis du Mans, qui semble ignorer qu'il existe une Fédération d'Industrie des Cuirs et Peaux, à laquelle il a pourtant adhéré. Quant à la Caisse fédérale, avec une forte cotisation, il en est partisan, mais se demande pourquoi ce Syndicat préconise une cotisation élevée, alors qu'à la Fédération existante il n'a jamais payé la cotisation, quoique minime.

Braun estime que les diverses Fédérations d'industries composées des corporations similaires qui s'y rattachent sont nécessaires. En un mot, la Fédération de la Métallurgie demande que les Syndicats soient invités à s'organiser en Fédérations d'industries et que ces Fédérations de métiers puissent arriver à s'entendre.

Le Président donne, à ce moment, lecture de deux lettres parvenues au Congrès.

La première émane du Syndicat des employés de la Seine et contient les propositions suivantes :

1° Les Syndicats de la même profession devront obligatoirement se fédérer entr'eux;

2° Chaque fois qu'il s'agira d'un Congrès corporatif, les Syndicats fédérés auront pour devoir de se réunir et de nommer entre eux la délégation qui aura seule qualité pour les représenter dans le Congrès Corporatif;

3° Les Syndicats devront adhérer à la Bourse du Travail de leur département et à la Fédération nationale de leur profession.

La seconde, du Syndicat des Charpentiers de Carcassonne, est ainsi conçue :

Dans sa dernière réunion, la Chambre syndicale des ouvriers Charpentiers de la ville de Carcassonne a décidé de porter à votre connaissance ce qui suit :

Le Syndicat s'est réuni pour envoyer une délégation au Congrès de Toulouse; mais, malgré les bons sentiments que nous pouvons avoir pour le triomphe de nos idées et de celles de nos camarades de travail, nous sommes dans l'impossibilité de nous présenter devant vous, vu la pénurie de notre caisse et notre petit nombre.

Pour ces deux motifs, nous vous prions, Monsieur le Président, de vouloir bien nous envoyer le compte-rendu du Congrès.

Nos saluts fraternels au Congrès.

Pour le Syndicat :

Le secrétaire : JOURNET.

Le citoyen **Besset,** du Conseil local des Syndicats lyonnais, exprime son avis :

Tous ici, étant partisans que les ouvriers devraient être syndiqués, il en découle que nous devons grouper tous les Syndicats.

Il y a plusieurs moyens proposés.

Par Syndicats nationaux de corporations, ou par industrie, ou par Fédération nationale de corporation, ou par industrie.

Il y a des corporations telles que les chemins de fer, tabacs, allumetiers, qui ont des intérêts communs à discuter avec les mêmes patrons, mais dans les corporations de l'industrie privée, le Syndicat national ne peut rendre les mêmes services

Il faut donc se reporter sur les Fédérations de métiers, laissant plus d'autonomie aux Syndicats tout en les rendant solidaires les uns des autres.

Les Fédérations ont d'autant plus de raison d'être que nous sommes partisans de généraliser les revendications et les moyens de les formuler et de faire aboutir la grève.

Mais les Fédérations actuelles englobent toute une industrie, même plusieurs n'ayant aucun rapport, telles que les Cuirs et Peaux où l'on groupe : les malletiers, les boursiers, sacs de voyages, tanneurs, cordonniers, etc.; dans les grandes corporations telles que les cordonniers, ce métier étant assez puissant par le nombre, il y a intérêt à se fédérer par métiers, laissant les corporations moindres et similaires se fédérer ensemble. Il faut autant que possible fédérer les mêmes intérêts, car la Fédération est non-seulement utile mais indispensable surtout dans les métiers ou il y a stock de travail manufacturé et que ce travail peut se transporter.

La Fédération par métier rendra des services dans les grandes industries, telles que le Bâtiment où l'on peut citer les maçons ayant montré, en différents endroits, notamment à Lyon, leur indifférence pour les autres corporations.

Quand au citoyen Fournier qui demande à se fédérer par département, je ne suis pas de son avis, mais partisan de créer les conseils locaux ou régionaux par métier et les conseils locaux ou régionaux de Syndicats de toutes corporations.

Je suis donc pour les Fédérations de corps de métiers lorsqu'ils sont assez conséquents, et par industrie lorsque les Syndicats sont moindres, les Fédérations de métiers ayant des rapports avec les Fédérations d'industrie.

Après une très longue discussion, à laquelle prennent part l'ensemble des délégués, surtout les citoyens Faberot, Fournier, Renaudin, Besset, Lafaix, Harlay, Majot, Riom, Coignard, le rapporteur de la Commission leur répondant, discussion ayant trait à la Fédération ou locale, ou départementale, ou nationale, le président met au voix :

1º Les conclusions du rapport de la Commission, qui sont adoptées sans modifications ;

2º Un ordre du jour du citoyen **Fournier,** du Syndicat des Employés de la Seine, ainsi conçu :

Les Syndicats de la même profession et parties similaires devront se fédérer entre eux par département, puis adhérer obligatoirement à la Fédération nationale de leur profession, à la Bourse du Travail de leur région.

Chaque fois qu'il s'agira d'un Congrès corporatif, les Syndicats fédérés départementalement et par métiers devront se réunir et nommer entre eux la délégation qui aura seule qualité pour les représenter dans lesdits Congrès.

Cet ordre du jour est repoussé.

3º Un ordre du jour du citoyen **Riom,** ainsi conçu :

Le Bâtiment et la Métallurgie, considérant que la création de Fédération par profession serait, après une lutte sans merci, la mort sans phases des Fédérations d'industrie, propose que les conclusions de la Commission ne soient pas appliquées aux professions ayant déjà des Fédérations nationales d'industries existantes.

Cet ordre du jour est adopté.

4º Un ordre du jour, signé **Braun, Girard, Grentzel, Briat, Galantus, Reisz, Roger,** ainsi conçu :

Considérant que la création de Syndicats nationaux serait une entrave à l'unification du mouvement corporatif, le Congrès repousse la création de Syndicats nationaux et de Fédérations locales de métiers, réserve faite pour les chemins de fer, poste-télégraphes.

Adopté.

Richer proteste contre cet ordre du jour, considérant qu'on semble dire que seuls les employés des Chemins de fer, Postes et Télégraphes, ont qualité pour se syndiquer nationalement en voulant par cet ordre du jour amoindrir l'importance des conclusions du rapport néanmoins adopté sur la troisième question.

Riom. — J'estime qu'il y a lieu de dire que le Congrès invite les Organisations corporatives à créer des Fédérations d'industrie où il n'en existe pas.

Cette proposition est renvoyée à la Commission des vœux.

Le camarade **Groq** fait la proposition suivante :

Considérant que les travaux du Congrès n'avancent pas suffisamment, étant donné le peu de temps qui reste, la séance prochaine commencera demain matin à huit heures.

Cette proposition est adoptée, après avoir soulevé les observations suivantes :

Le camarade **Danflous** demande des séances de nuit.

Un autre camarade estime qu'on doit se réunir le matin dès six heures.

Le camarade **Rollan** fait tout simplement observer que le temps matériel nécessaire n'est pas donné pour la rédaction des procès-verbaux.

La séance est levée à sept heures.

HUITIÈME SÉANCE

VENDREDI 24 SEPTEMBRE 1897 (Matin)

Président, Seigné ; assesseurs, Reitz et Demange.

Le Président ayant ouvert la séance donne la parole au secrétaire pour l'appel nominal.

Le Président appelle l'attention des délégués sur la longueur des séances du Congrès, ce qui ne permet pas au bureau de pouvoir terminer les procès-verbaux. Il est convenu qu'une épreuve sera envoyée à chaque délégué qui voudra bien la renvoyer dans la quinzaine ; ce sera suffisant pour permettre d'apporter les modifications que les délégués auront jugées nécessaires.

Cette proposition est adoptée.

Majot. — Je tiens à faire constater que la presse locale est complètement muette au sujet des délibérations du Congrès. Il serait regrettable qu'il y ait eu malentendu lorsqu'il a été décidé que dans cette salle ne pourraient pénétrer que ceux qui seraient porteurs d'une carte de syndiqué. La presse doit avoir son entrée ici. Il paraît qu'un camarade de *La Dépêche* est venu à la porte de la Bourse du Travail ; j'ignore si on a refusé de le laisser pénétrer, ou s'il n'a pas tenu à entrer.

Danflous. — Oui, il a été décidé qu'il fallait montrer sa carte de syndiqué pour pouvoir venir écouter les discussions du Congrès. Le représentant de *La Dépêche*, comme les autres journalistes, savaient très bien qu'il n'avait qu'à montrer sa carte de rédacteur pour pouvoir entrer.

L'incident est clos.

Le Président. — Je reçois, avec prière de la mettre aux voix, la proposition suivante :

Un infect écrivassier, qui n'a pas même le courage de signer ses insanités, déverse aujourd'hui, dans *Le Télégramme*, des insultes grossières contre les membres de la Verrerie ouvrière et contre les membres du Congrès corporatif qui, mercredi, se sont rendus à Albi pour visiter la Verrerie Ouvrière.

Je propose au Congrès d'envoyer l'expression de son profond mépris à ce digne émule de Rosséguier et de toute la bande capitaliste.

DUMAS,
Délégué de Nîmes.

Lagailse. — Je crois que nous aurions tort d'engager une polémique avec cette bande de saltimbanques. Je propose de passer à l'ordre du jour. — Adopté.

Le délégué de Nîmes demande que la protestation figure au procès-verbal.

Le Président. — Elle y figurera.

Corbières donne lecture des deux procès-verbaux de la veille (jeudi).

Sur la proposition du président, il est convenu que pour éviter une perte de temps les délégués qui auraient l'intention d'y apporter des additions ou rectifications les feront par écrit, les remettront au bureau où toutes seront admises.

Les procès-verbaux sont adoptés.

La parole est au citoyen **Riom**, rapporteur de la première Commission, qui a eu à s'occuper du projet de modifications aux statuts de la Confédération générale du Travail :

RAPPORT DE LA PREMIÈRE COMMISSION

La première Commission, chargée de présenter un rapport sur les première et quatrième questions inscrites à l'ordre du jour, portant sur les modifications aux statuts de la Confédération générale du Travail, a reçu les rapports des Organisations suivantes :

Syndicat des Employés de la Seine ;
Alimentation et Chambre syndicale des Cuisiniers de Paris ;
Union des Syndicats de la Seine ;
Ouvriers en Instruments de précision ;
Métallurgistes de l'Oise ;
Fédération nationale des Cuirs et Peaux.

De longues délibérations, tant sur les rapports présentés que sur les questions à l'ordre du jour et les statuts élaborés précédemment, ont amené la Commission à conclure comme suit et à présenter le projet de statuts modifiés inclus au présent rapport.

La Commission, au cours de ses travaux, a eu constamment pour principal objectif, tout en recherchant la solution des questions portées à son ordre du jour, d'éviter les complications, les rouages inutiles et les innovations hasardeuses susceptibles de provoquer la confusion dans les esprits.

Elle s'est surtout appliquée à la simplification du mécanisme en conservant ce qui existe et en travaillant à le fortifier.

Loin de songer à se servir d'une Organisation pour écraser l'autre, nous avons cru au contraire devoir faire tous nos efforts pour les unir et les faire prospérer en s'aidant d'un mutuel appui. La décision du récent Congrès des Bourses du Travail nous facilite la tâche à ce sujet en faisant preuve d'un incontestable esprit de conciliation, auquel nous ne pouvons nous dispenser de répondre par des sentiments réciproques. Depuis longtemps, d'ailleurs, nos Congrès corporatifs ont manifesté leur désir d'une entente complète entre les éléments appelés jusqu'à ce jour à constituer la Confédération et la Fédération des Bourses du Travail.

Le souci de les unir ne nous a point empêchés de considérer la nécessité de laisser à toutes les Organisations fédérales d'industries ou de Bourses du Travail, leur entière autonomie, ne nous reconnaissant pas, comme Congrès de Fédérations, de Bourses et de Syndicats, le droit de toucher à l'organisation respective de chacun de ces éléments. Ils peuvent rester ce qu'ils sont et, unis, s'aider puissamment, sans pour cela recourir à des changements d'étiquettes.

Un exemple typique matérialisera notre pensée : Des délégués chargés de fonder une Bourse du Travail dans une localité s'efforceraient en même temps de fédérer par industries les syndicats qui ne le seraient pas, réciproquement, ceux poursuivant l'extension du fédéralisme corporatif apporteraient leur concours à la création d'une Bourse du Travail, s'il n'en existait pas dans la région.

L'unanimité des membres de la Commission désignés par le Congrès se sont mis d'accord après une laborieuse discussion sur les principes qui précèdent et les détails qui vont suivre. Seul un membre ayant librement apporté son concours à la Commission a fait ses réserves sur les conclusions du rapport.

Dans ces conditions, nous avons cru pouvoir élaborer un projet de statuts susceptible de rallier au moins la majorité du Congrès.

EXAMEN DES ARTICLES

Art. 1er : Les § 1 et 2 sont maintenus :

La nouvelle rédaction du § 3 confirme la précédente énumération en précisant davantage *l'intention d'amener les syndicats à se fédérer nationalement par industrie, et, sans leur fermer systématiquement la porte de la Confédération, éviter toutefois que leur adhésion à la Confédération les dispense d'adhérer à leurs Fédérations nationales respectives, ou d'en constituer s'il n'en existe pas.*

D'autre part, les questions portées à l'ordre du jour de la Commission portant sur l'admission des Bourses et des Syndicats, l'unité d'action et le titre unique sont résolues, du moins dans le sens des vues de la Commission, par un paragraphe unique unissant entre eux, sous le titre de Confédération générale du

Travail, le Conseil national corporatif et le Comité fédéral des Bourses du Travail. Chacun de ces deux éléments restant autonome, conserve ses attributions, son titre et son budget particuliers et, ne sacrifiant rien, ne trouve dans l'union que des avantages.

Les articles suivants portent spécialement sur l'organisation du Conseil corporatif.

Les § 4 et 5 sont maintenus.

Au § 6 le délai de 15 jours est porté à un mois pour donner aux syndicats le temps de statuer et mandater leurs délégués.

Le § 7 est supprimé pour les besoins de la nouvelle rédaction.

Les § 8 et 9 sont maintenus.

Au § 10 les chiffres concernant le nombre d'Organisations et le nombre de voix sont réduits de deux à une, afin de simplifier les rapports avec les Organisations adhérentes et leur donner la certitude d'être effectivement représentées dans les discussions et dans les votes.

Le § 11 est supprimé pour les besoins de la nouvelle rédaction.

Les paragraphes suivants sont maintenus jusqu'au 3e paragraphe de l'article 3, auquel est ajouté un amendement tendant à l'établissement d'un rapport du contrôle, deux mois avant le Congrès.

De menues rectifications portant uniquement sur des mots ont pour but de rétablir le texte des articles altéré par les modifications sus-énoncées.

Enfin, la Commission a décidé de soumettre au Congrès une proposition du citoyen Capjuzan, membre de la Commission, tendant à ce que le siège de la Confédération générale du Travail soit en dehors de la Bourse du Travail.

Le Rapporteur,
L. Riom.

PROJET DE NOUVEAUX STATUTS

Article premier

1. — Entre les divers Syndicats et groupements professionnels de Syndicats d'ouvriers et d'employés des deux sexes existant en France et aux Colonies, il est créé une Organisation unitaire et collective qui prend pour titre : *Confédération générale du Travail.*

Les éléments constituant la Confédération générale du Travail se tiendront en dehors de toute école politique.

2. — La Confédération générale du Travail a exclusivement pour objet d'unir sur le terrain économique et dans des liens d'étroite solidarité, les travailleurs en lutte pour leur émancipation intégrale.

3. — La Confédération générale du Travail admet dans ses rangs :

I. La Fédération nationale des Bourses du Travail.

II. Les Fédérations nationales et Syndicats nationaux d'industries ou métiers similaires.

III. Les Fédérations locales de métiers et Syndicats isolés dont les professions ne sont pas constituées en Fédérations indiquées au titre II du présent paragraphe, ou dont les Fédérations refusent d'adhérer à la Confédération. Ces Organisations, pour être admises, devront avoir six mois d'existence.

Les Organisations indiquées au titre III devront, de concert avec la Confédération générale du Travail, faire tous leurs efforts pour se fédérer nationalement.

En aucun cas ne pourront être admises séparément deux Organisations d'une même profession, ni deux Fédérations locales d'une même localité.

4. — Le Comité confédéral est composé du Conseil national corporatif des Fédérations nationales de métiers et du Comité fédéral de la Fédération nationale des Bourses du Travail.

Ces deux organes distincts conservent respectivement leur autonomie morale et financière. Chacun d'eux conserve les attributions qui leur ont été conférées par les précédents Congrès, sauf pour celles de ces attributions que leur caractère d'ordre général désigne évidemment comme leur étant communes.

Parmi ces dernières figurent à titre d'indication :

Organisation des Congrès. — Unification de l'action corporative. — Arbitrage entre Syndicats ou Fédérations et Bourses du Travail, etc.

5. — Le siège de la Confédération générale du Travail est à Paris. Les Congrès corporatifs pourront toujours changer le siège de la Confédération générale du Travail.

6. — La Confédération étant l'émanation des Congrès corporatifs, les statuts seront toujours revisables par lesdits Congrès. Toutefois, les demandes de changements aux statuts devront être envoyées au Conseil national de la Confédération nationale du Travail deux mois avant l'ouverture du Congrès. Ces projets seront envoyés pour l'étude un mois avant le Congrès, aux Organisations confédérées.

ARTICLE 2.

1. — Le Conseil national corporatif est composé comme il va être dit ci-après : de délégués élus et choisis directement par les Organisations adhérentes.

2. — Chaque délégué, salarié ou appointé, doit appartenir à l'une des Organisations adhérentes.

3. — Aucun délégué ne pourra représenter plus d'une Organisation adhérente. Dans les délibérations du Conseil national, chaque délégué ne pourra avoir qu'une voix.

4. — Les Fédérations nationales et les Syndicats nationaux

auront chacun trois délégués. Les Fédérations locales de Syndicats de professions ou de métiers et les Syndicats auront chacun un délégué.

5. — Le Conseil national sera nommé pour un an, c'est-à-dire d'un Congrès à un autre,

6. — Le bureau sera composé :

    1° D'un secrétaire général ;
    2° D'un secrétaire adjoint ;
    3° D'un trésorier général ;
    4° D'un trésorier adjoint ;
    5° D'un archiviste.

Ces membres seront choisis dans le Conseil national et nommés par lui.

L'élection aura lieu au bulletin secret.

Les autres membres seront répartis dans les Commissions.

7. — Pour assurer le fonctionnement administratif du Conseil national et des institutions créées par le Conseil national, ou ordonnées par le Congrès corporatif annuel, chaque Organisation confédérée devra verser directement et sous sa responsabilité, le 1er de chaque mois, au trésorier désigné par le Conseil national, une cotisation mensuelle.

8. — Cette cotisation mensuelle sera proportionnelle au nombre de membres de chaque Organisation adhérente : elle est fixée sur une graduation ainsi déterminée :

Pour toute Organisation comprenant :

200 membres et au-dessous......................	1 franc.
De 201 à 500...............................	2 —
— 501 à 1000...............................	3 —
— 1001 à 2000...............................	4 —
— 2001 à 3000...............................	5 —
— 3001 à 4000...............................	6 —
— 4001 à 5000...............................	7 —
— 5001 à 6000...............................	8 —
— 6001 à 7000...............................	9 —
— 7001 et au-dessus	10 —

9. — L'adhésion de toute Organisation confédérée ne sera définitive, et ses délégués ne pourront être admis à siéger au Conseil national qu'après le versement de la première cotisation mensuelle.

10. — Tout retard de paiement de trois cotisations mensuelles entraine, de son plein droit, la suspension de l'adhésion de l'Organisation débitrice. Ses délégués au Conseil national ne pourront, dès lors, être entendus qu'à titre consultatif.

11. — La radiation ou l'exclusion de toute Organisation adhérente ne pourra être ordonnée que par les Congrès corporatifs annuels, après audition des délégués des Organisations intéressées.

ARTICLE 3.

1. — Le contrôle financier du Conseil national sera exercé par sept délégués nommés par les Syndicats de la ville où est fixé le siège social.

2. — Les Organisations syndicales devant constituer la Commission de contrôle seront désignées par tirage au sort, lors de la première assemblée générale du Conseil.

3. — Cette Commission de contrôle sera nommée pour un an. Elle rendra compte de sa mission au Congrès annuel corporatif. Elle établira deux mois avant le Congrès un rapport moral et financier pour être communiqué aux Syndicats.

ARTICLE 4.

1. — Chaque année, le Conseil national invite toutes les Organisations syndicales, adhérentes ou non, à prendre part aux travaux du Congrès corporatif annuel.

2. — Ce Congrès annuel, qui aura lieu dans le mois de septembre, sera organisé par les soins du Conseil national, qui pourra déléguer, sous sa surveillance, tout ou partie de ses pouvoirs aux Conseils administratifs des Organisations syndicales ayant leur siège dans la ville où se tiendra le Congrès.

3. — Le Conseil national fixe l'ordre du jour de chaque Congrès; il lui soumet un rapport sur la gestion.

4. — Ce Congrès fixe la ville où aura lieu le Congrès suivant.

Le Délégué des ferblantiers de la Seine, s'apercevant que conformément à ce qui avait été demandé au Congrès de Tours, on avait omis de demander aux délégués s'ils étaient syndiqués, propose que les délégués assistant au Congrès précisent à quel Syndicat ils sont adhérents.

Le Président. — La Commission d'organisation fera le nécessaire.

Le Rapporteur expose qu'il y a lieu de consulter le Congrès afin de savoir si l'on doit discuter sur des modifications proposées et qui ne figurent pas à l'ordre du jour.

Guérard. — Le Syndicat que je représente ne m'a donné mandat que d'émettre un vote sur les modifications aux statuts portées à l'ordre du jour.

Briat. — Plusieurs camarades ont apporté des rapports,

s'ils renferment de bonnes choses, nous devons en tenir
compte. Puis, il n'y a pas de grands changements ; pour plusieurs modifications, quelques mots seulement sont à changer.
Nous devons, par tous les moyens possibles, tâcher de donner
plus de force au mouvement ouvrier, afin de lui permettre
de lutter contre les adversaires du Travail.

Il faut grouper les Organisations centrales dans un même
faisceau et supprimer les rouages inutiles.

Fournier. — Je suis de l'avis du camarade Briat et j'ajoute
que depuis Limoges, la Confédération générale des Bourses
du Travail n'a presque rien fait, parce qu'il y avait des défauts
dans les statuts. Il existait trop de portes fermées et il est de
notre devoir de réviser les statuts et apporter toutes les modifications nécessaires pour faire vivre la Confédération
générale du Travail.

Besset. — Quand on nous a convoqués on nous a dit, il y a
telle, telle chose à faire ; nous sommes ici, il ne faut pas
venir nous dire aujourd'hui qu'il n'y a rien à faire ! Sur
l'ordre du jour, figurent ces mots : Modifications aux statuts.
C'est pour que nous nous en occupions.

Soulery. — Vous avez raison.

Le Rapporteur énumère les articles sur lesquels des modifications sont proposées par la Commission et, qui toutes,
sont d'ordre général.

Nous ne voulons rien supprimer, dit **Riom,** nous ne faisons
qu'indiquer quels sont les articles susceptibles d'être remaniés
parce qu'ils peuvent être considérés comme étant d'ordre
général.

Pinel. — Je désirerai poser une question au rapporteur.

Est-ce que, quand la Confédération générale du Travail
aura réuni cinq ou six adhésions des villes de France, elle
mettra ces Syndicats en relations entr'eux, de manière qu'elle
parvienne à former un Syndicat national ?

Je demande si vous acceptez la Fédération des Bourses
isolément.

Le Rapporteur. — Nous n'admettons que les Fédérations
locales de métiers, les Syndicats isolés, mais à la condition
qu'il n'y ait pas de Fédération nationale de leur industrie.

Soulery et plusieurs membres disent qu'en ce moment on
ne doit pas discuter sur le fond de la question, que la seule
question qui est posée est celle qui consiste à savoir si le
Congrès entend modifier ses statuts dans leur ensemble.

Guérard demande la parole et dit, en son nom et au nom de **Pacotte :**

Nous demandons que seuls les syndicats soient admis à la Confédération.

Les Fédérations dont le rôle est de se préoccuper plus particulièrement des intérêts corporatifs, continueraient à subsister, mais en dehors de la Confédération dont le rôle est de défendre les intérêts généraux du prolétariat ET D'EXÉCUTER LES DÉCISIONS DES CONGRÈS NATIONAUX CORPORATIFS.

Il en est de même des Bourses du Travail, qui ont leur rôle bien défini et dont l'action locale ne peut se confondre avec celle qui est confiée à la Confédération.

Cette proposition est repoussée.

Soulery. — J'ai écouté avec beaucoup d'attention la lecture du rapport de la Commission et ma conclusion est celle-ci : C'est qu'en province le prolétariat ne sait plus de quel côté aller, il y a des Fédérations de toutes sortes, on en est débordé de Fédérations et, vous le savez comme moi, ce n'est pas rare d'entendre ceux qui auraient cependant le plus intérêt à se grouper, répondre catégoriquement quand on veut leur parler Fédération : « Je m'en fous ! » et ils ne vont plus nulle part. Il faudrait rendre l'organisation plus simple, unifier l'action ; la Fédération des Bourses du Travail rencontre des sympathies très sérieuses parmi les travailleurs, il ne faut pas les rebuter et pour arriver à ce but, le mieux est de ne pas toujours vouloir remanier, innover et tout changer. Les décisions prises au Congrès de Tours, au point de vue des attributions des Fédérations, définissent très bien ce que doit être la Confédération, la Fédération des Fédérations.

Le Président fait remarquer qu'avec tout le bruit qui se fait dans la salle, il n'y a pas possibilité d'entendre ce que dit le camarade Soulery.

Soulery. — J'ai fini.

Capjuzan. — La Confédération ne veut pas accaparer la majorité de la Fédération générale du Travail. L'esprit de quelques membres de la Fédération des Bourses était celui-ci : *de renforcer la Confédération* sans chercher à avoir la majorité.

C'est pour cela que j'ai demandé que le Comité fédéral soit représenté par un nombre plus minime.

A la Commission j'ai proposé que la Confédération générale du Travail admette dans son sein les Syndicats dont leur Fédération respective refuserait leur adhésion à la Confédération.

Guérard. — Toutes les Fédérations ne font pas partie de la Confédération. Dans ces conditions, pensez-vous que vous allez unifier l'action du prolétariat si vous ne trouvez pas le moyen de faire entrer toutes les Organisations corporatives?

J'estime que les Syndicats devraient entrer dans la Confédération syndicale. Tous les Syndicats devraient adhérer à la Confédération du Travail et le nombre des délégués serait suffisant. Ce serait ce qu'il y aurait de plus simple. Comme le disait le camarade Soulery, il faut une organisation simple et ne pas laisser supposer qu'on a peut-être à craindre qu'étant donné le système de la Confédération, il y a un Comité dictateur. Il faut qu'entre la Confédération et les éléments qui la composent il y ait un lien continuel, tandis que jamais les Syndicats n'ont été mis en rapport avec la Confédération. La Confédération, en effet, fonctionne toute seule.

La Fédération des Bourses entrant dans la Confédération ne viendra pas la renforcer, puisqu'elle ne s'occupera que de ses attributions propres, c'est-à-dire des questions générales.

Braun. — Mon avis est que ce qui va se passer comblera une lacune : il manquait des délégués dans la Fédération, il n'en manquera plus puisque tous les délégués des Bourses y seront. Cela apportera de la force à la Confédération, à la condition, bien entendu, qu'elles soient fédérées, et toutes peuvent entrer dans la Confédération.

Il ne faut pas qu'il existe d'antagonisme entre toutes les Organisations existantes. Il faut faire comprendre aux intéressés qu'ils ont intérêt à se fédérer. Du reste, avec le système préconisé par la Commission, nous sommes certains de concilier tout ce qui existe, je veux dire de réunir dans un même faisceau toutes les Organisations.

Nous estimons que le projet de la Commission donne satisfaction à tous et nous engageons le Congrès à le voter.

Soudant. — Nous avons fait tout nos efforts pour obtenir que les ouvriers des villes de France se syndiquent, et si nous avons demandé notre adhésion à la Confédération, c'est parce que nous avons compris que nous trouverions là de précieux auxiliaires, qu'en un mot, il y allait de notre intérêt.

Reisz fait ressortir que du moment où il y aura un grand nombre de délégués il y aura moins de coteries, surtout étant donné que la politique sera exclue de nos discussions.

Briart dit qu'il est regrettable que le délégué du Syndicat des chemins de fer, qui a fait figurer cette question à l'ordre du jour, n'ait pas envoyé son rapport à la Commission. Nous aurions pu l'examiner et apporter des conclusions.

Nous sommes réunis, ce n'est pas pour revenir sur les décisions prises. A Limoges, quand on a créé la Confédération du Travail on a tout admis; du reste, voici ce qui a été décidé il y a deux ans au Congrès de Limoges *(Lecture est faite des décisions prises à ce sujet)*.

Briart ajoute que toutes les Organisations étaient comprises quand on a créé la Confédération générale du Travail. Or, vous connaissez le résultat : quand, à Tours, on a voulu savoir quel résultat avait été obtenu, il a fallu constater que cela n'avait pas marché. Rappelez-vous que dans cette affaire, comme dans la mécanique, plus il y a de complications dans les rouages moins cela marche. Il faut simplifier et unifier pour que tout aille bien.

Hier, vous avez dit qu'il ne fallait pas faire de Syndicats nationaux; ne venez-vous pas de dire le contraire aujourd'hui? Comment feriez-vous, à Paris, si vous vouliez représenter tous les Syndicats isolés? Vous n'aboutiriez pas.

Ce qu'il faut, croyez-le bien, c'est unifier dans un seul mouvement le Prolétariat.

Avec le système indiqué par la Commission, il est impossible que tout le monde ne soit pas représenté. Il ne faut qu'une seule Organisation.

Soulery. — Il faudrait bien savoir pourquoi nous sommes ici, est-ce pour étudier sérieusement les groupements et les unifier si c'est possible? Il ne faut plus tâtonner si vous voulez arriver à un résultat. Il y a une idée initiale qui doit guider nos actes, c'est d'organiser sérieusement les travailleurs sur des bases solides et éviter les conflits qui peuvent se produire entre Organisations. Or, la Confédération générale du Travail est la véritable Organisation. Si les camarades adoptaient la manière de voir du délégué des Chemins de fer, je dis que cela entraînerait la désorganisation du Prolétariat.

Ce qu'il faut faire, c'est centraliser les forces et garder son autonomie sur le terrain professionnel, sans quoi ce serait la désorganisation des Fédérations, les Syndicats se retireraient et il y aurait un conflit très aigu. Pour obtenir une Confédération solide, il faut faire une lutte quotidienne afin qu'à un moment donné, au moment d'une grève, nous soyons prêts à faire acte de virilité et puissions obtenir de bons résultats. Si jusqu'ici on a eu à regretter de voir certains efforts échouer, c'est parce que les camarades sont restés tête baissée au moment où ils auraient justement dû la porter fièrement et parce que les camarades ne se sentaient pas les coudes.

Mon avis est que lorsque nous aurons la Fédération des Fédérations, il y aura plus d'unité et qu'on pourra tenir tête aux capitalistes. Ce n'est pas avec la tête courbée qu'il faut entrer à l'atelier.

Sûrement, la Confédération produira quelque chose de bon et de sérieux. Au prochain Congrès, je suis convaincu que nous aurons à constater des résultats déjà sérieux.

Laurent. — Le rapport de la Commission doit contenter tout le monde et nous devons l'accepter. Il y a assez de Syndicats nationaux, il faut les respecter et marcher avec eux, sans chercher à en créer d'autres.

Il y a 2,500 Syndicats en France, je doute fort qu'il puisse y avoir 2,500 délégués.

Grentzel. — On se plaint à juste raison d'embrouiller l'esprit des travailleurs par la multiplité des Organisations. Or la Confédération est, à mon avis, une superfétation, car la Fédération des Bourses réunit dans son sein tout le prolétariat organisé ; il suffisait d'élargir son champ d'action en créant à côté du Comité fédéral des Bourses un Comité corporatif ; on aurait de cette façon réuni le côté technique et le côté organisateur et administratif sans créer une organisation nouvelle.

On a parlé du rôle de la Confédération entre les Congrès de Limoges et de Tours, et le citoyen Briat disait qu'elle n'avait à son actif, dans cette période, que la propagande pour la grève de Carmaux. Or, le Comité d'action corporative et syndicale existait sur l'initiative des Organisations parisiennes avant que la Confédération entre en fonctions.

En un mot, c'est ce comité qui, en remettant ses pouvoirs à la Confédération, entre en fonctions.

D'autre part, le citoyen Guérard se plaint de la pénurie de délégués au Conseil national, et par l'admission des Syndicats avec représentation active, il serait impossible de trouver un nombre suffisant de délégués, car ce sont toujours les mêmes militants qui sont sur la brèche.

Je demande donc au Congrès de se rallier au texte de la Commission.

Renaudin déclare qu'il est d'avis qu'on peut faire des Fédérations locales. Si des Fédérations nationales de métiers n'ont pas encore donné de résultats suffisants, en les perfectionnant, il pourra en être autrement à l'avenir.

Je combats l'admission dans la Confédération des Chambres syndicales et des Fédérations locales.

Reisz dit que si l'on ne tient pas compte de la proposition du délégué des Chemins de fer, le Congrès fera un mauvais travail et chacun doit, ici, émettre un vote ferme qui soit conforme aux vues du Syndicat qu'il représente.

Le Président. — Il y a une chose à constater, c'est que de 1884 à 1895, il s'est formé 79 Fédérations, ce qui constitue un organisme important. Dans toutes les villes, c'est un rouage avec lequel il faut compter.

Il y a environ 2,000 Syndicats, je ne crois pas qu'on puisse être sûr de toujours trouver dans une ville, un délégué par Syndicat, pour représenter ses camarades. Je sais qu'à Paris nous avons eu beaucoup de peine pour représenter les Organisations et je doute fort qu'en province vous puissiez agir avec plus de facilité. Quant à la combinaison qui consiste à dire que les camarades auront des mandats multiples, qu'ils représenteront autant de Syndicats qu'ils auront de mandats, la conclusion est celle-ci, c'est que ce sont des personnalités qui deviennent Fédération, car un délégué peut avoir 150 mandats, rien n'empêche la multiplicité des mandats, c'est admis.

Capjuzan. — Il faudrait renvoyer cette question à l'étude. Avant de la vider, dans l'intérêt des Organisations, nous avons besoin d'unir nos forces, de bien nous assurer pour pouvoir les supprimer, quels sont les rouages inutiles et qui sont mauvais pour le prolétariat.

Cumora dit que l'Union des ouvriers Mécaniciens, qui l'a délégué, a voté, à la majorité, la création de Syndicats nationaux, c'est-à-dire la création de Fédérations de métiers pour grouper toutes les forces prolétariennes.

Si l'on admet dans la Confédération du Travail les Syndicats isolés, il arrivera que dans les Congrès une lutte continuelle existera entre les Syndicats d'une même corporation qui existent dans la même ville.

L'Union des Mécaniciens a prévu un point sur lequel vous n'avez pas porté votre attention.

Quoique vous ayez manifesté le désir de chasser la politique de la Confédération du Travail, il est inadmissible que vous fermiez la porte aux Syndicats qui sont encore adhérents à une école politique. Il serait préférable d'admettre les Syndicats nationaux où ces divers éléments encore imbus de politique, pourraient être représentés, ce qui serait un moyen de faire comprendre à ces camarades le tort qu'ils ont de suivre les politiciens.

Au point de vue de la représentation, l'admission de Syndicats isolés dans la Confédération, quand il s'agirait de Congrès, fermerait la porte aux pauvres. Les Syndicats seraient obligés de se cotiser pour envoyer un délégué. Ce serait donc une personnalité de fédérée. Comme l'Union m'a prié de le faire, et je ne saurais manquer à ce devoir, c'est de tâcher d'obtenir que le Congrès décide que la Confédération soit le groupement des forces prolétariennes pour arriver le plus brièvement possible à l'émancipation des travailleurs

Besset a la parole et s'exprime ainsi :

L'on ne se doute pas, du peu de temps qu'il reste pour les travaux du Congrès et les nombreuses questions encore à discuter.

On discute sur les questions résolues ; hier, on a établi les Fédérations nationales de métiers, on a refusé les Fédérations locales et, aujourd'hui, on leur donne vie, en les admettant à la Confédération.

Je suis partisan de l'abnégation dont ont fait preuve les délégués du Comité fédéral des Bourses du Travail, en déclarant que contrairement au rapport qui place l'ensemble du Comité fédéral des Bourses du Travail à la Confédération, ils se contentent de trois délégués.

En effet, les délégués des Bourses du Travail ont déjà assez de besogne dans les travaux de leurs Commissions pour rentrer dans celles de la Confédération et ne pourraient produire nulle part.

Je suis d'accord avec le rapporteur pour ne pas faire rentrer dans la Confédération les Bourses du Travail, qui refusent d'aller à la Fédération des Bourses. Ces dernières, d'abord, sont peu nombreuses, vu le grand nombre qui sont

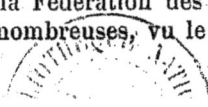

fédérées, et qui pour le même motif, d'ailleurs, ne rentre-
raient pas à la Confédération.

Il faut que celles qui ne sont pas encore fédérées ou celles
qui se sont retirées y rentrent d'abord.

Braun. — La thèse soutenue par le camarade Guérard est
inadmissible en raison que si on acceptait tous les syndicats
dans la Confédération, ce serait la désorganisation complète
des Fédérations que l'on a eu tant de mal à constituer.

Le Syndicat des Chemins de fer est une Fédération, par ce
fait qu'il comprend plusieurs métiers, plusieurs industries.

Lorsqu'il a fait cette proposition, ce syndicat n'a pas réflé-
chi qu'étant une fédération, il ne pouvait adhérer à la Confédération ; seules ses sections y adhèreraient, et cela amènerait
sa dislocation.

A bien regarder, toutes les Fédérations donnent des
résultats excellents, ainsi que le Syndicat des Chemins de fer
qui est une vraie Fédération.

Il faudrait, pour bien faire, que toutes les Fédérations aient
pour devoir d'envoyer un questionnaire à la Confédération.

Briat combat la proposition Guérard et termine en expriment le regret que ce dernier n'ait pas donné son rapport à
la Commission, la discussion sur ce sujet ne se serait pas
pareillement éternisée.

Le rapport des chemins de fer est la division du prolétariat.
Telle en est la conséquence.

La parole est au camarade **Riom** qui, en sa qualité de rapporteur, répond aux divers camarades qui ont pris la parole,
en reprenant un à un tous les arguments exposés. Dans sa
réponse, **Riom** maintient et défend les conclusions de son
rapport, qu'il commente article par article.

Le Président met ces conclusions aux voix ; elles sont
adoptées sans modifications.

Le Président met aux voix les ordres du jour qui lui sont
parvenus et les propositions diverses.

De la Chambre syndicale des ouvriers en Instrument de
précision, de Paris :

La Chambre syndicale des ouvriers en Instruments de précision
et des parties similaires, de Paris, soucieuse de la modification du
rouage économique, considère que le IX⁰ Congrès corporatif de
Toulouse doit se prononcer fermement sur cette Confédération
générale du Travail créée à Limoges en 1895 et revisée à Tours en
septembre 1896. Malgré la bonne volonté des camarades représen-

tant les différentes Organisations au sein de cette Confédération, il est indéniable de reconnaître que cette Organisation, qui devait être la tête du mouvement économique, est restée pour ainsi dire dans le néant ou semble, lorsqu'il en est question dans les Syndicats, être quelque chose de tout a fait inconnu, alors que nous devrions tous marcher d'après un mouvement combiné, avec ensemble, et puiser là les renseignements et les conseils propres à notre émancipation.

Quelles sont les causes de ce semblant d'oubli ?

Certes, nous reconnaissons parfaitement que le travailleur, tout en étant organisé, néglige souvent dans les Syndicats auxquels il appartient de chercher à s'instruire, de prendre connaissance des décisions ou discussions soulevées dans les Congrès corporatifs et quel effet il en est ressorti. Là nous reconnaissons que le travailleur manque à son devoir et qu'il est un peu cause de son piétinement. D'autres part, beaucoup trop d'Organisations existent, imposent à de certains Syndicats trop de charges pécuniaires, et alors le travailleur peu initié proteste, se trouve émbrouillé par le trop grand nombre d'Organisations et oblige ainsi des Syndicats à rester dans l'isolement tout en ayant une grande vitalité.

Voilà donc, à notre point de vue, une des causes que le IXᵉ Congrès doit envisager et tâcher d'éviter dans l'avenir, simplifiant le rouage, laissant à chaque Organisation même, Bourse du Travail et Fédération de métier, sa part de travail; il serait peut-être facile, menant une propagande d'ensemble, que ces deux principales Organisations attirent au sein des Syndicats les camarades rétifs et enfin travaillent fermement à l'émancipation sociale.

Nous n'avons, comme il est dit plus haut, qu'à remercier les camarades qui depuis le début de la Confédération ont travaillé à la façonner, et à en faire une grande Organisation ouvrière. S'ils n'ont pas rencontré le succès qu'ils espéraient, cette conséquence, à notre avis, doit être la décision prise dans un Congrès précédent, éliminant les Bourses du Travail.

Il ne faut pas oublier qu'il y a à côté de la Confédération, la Fédération des Bourses du Travail, qui, elle, a montré de la vitalité, créant depuis le Congrès de Tours plusieurs Bourses du Travail, préconisant également la création de Syndicats agricoles, etc. Il faut donc constater qu'il y a là une Organisation, tout au moins aussi solide si ce n'est plus que la Confédération, et que cela peut amener une lutte entre ces deux Organisations, entraînant tôt ou tard l'une ou l'autre à disparaître. Nous croyons donc que c'est la cause de la non-vitalité de la Confédération.

Pour ces motifs,

La Chambre syndicale des ouvriers en Instruments de précision pense que la Confédération générale du Travail ne peut exister que composée d'une seule façon :

1° De la Fédération des Bourses du Travail ;

2° De la Fédération des Unions ou Fédérations de Syndicats.

Chacune des deux Organisations centrales aurait un but bien déterminé : la première, la centralisation et la publication des documents sur les conditions du Travail, la statistique dans chaque ville et région sur les salaires, la généralisation du placement des ouvriers et ouvrières, etc.

La seconde, la défense et l'amélioration des intérêts professionnels, les grèves, les chômages, les cours professionnels, le relèvement de l'apprentissage, la mission de fédérer les Syndicats isolés, etc.

Sans être liés l'une à l'autre, ces deux principales Organisations prendraient contact mensuellement avec un nombre égal de délégués et le but principal de la réunion des délégués des deux Fédérations serait l'organisation des Congrès corporatifs et, en cas de grève, l'utilité d'avoir en quelques heures, entre les mains, tous les documents nécessaires pour lutter contre le capital.

La Chambre syndicale des ouvriers en Instruments de précision de Paris ose espérer que les délégués réunis au IX° Congrès corporatif comprendront l'utilité de simplifier le rouage du mouvement économique en embrassant toutes les Organisations déjà existantes, en laissant à chacune son autonomie nécessaire, et aux deux grandes Organisations centrales leur budget respectif.

Au nom de l'Alimentation et de la Chambre syndicale des Cuisiniers de Paris :

Nous nous prononçons pour que dans les statuts régissant la Confédération du Travail les mesures les plus larges soient introduites afin que dans une même action elle organise les forces du prolétariat et qu'au jour où la Révolution sociale serait jugée nécessaire, le parti ouvrier puisse trouver en elle un point de direction, une force organisée.

Nous nous prononçons donc pour l'adoption des deux alinéas complémentaires présentés par le Comité central.

1° Admission des Bourses du Travail avec représentations au sein de la Confédération ;

2° Admission de tous les Syndicats ou Groupes coporatifs.

Louis MEYER.

Les Syndicats d'une industrie n'ayant pas constitué une Fédération seront admis à la Confédération jusqu'au prochain Congrès, qui examinera la possibilité de les fédérer.

E. GUÉRARD.

Repoussé.

La Bourse d'Alger et la Fédération des Cuisiniers, Pâtissiers-Confiseurs de France et des Colonies :

Elles proposent que la Confédération du Travail soit composée exclusivement des Fédérations de métiers et parties similaires, et du Comité fédéral des Bourses. Elle pourra admettre des Syndicats isolés, à condition que ces derniers ne puissent faire partie d'une Fédération de métiers; dans ce cas, la Confédération devra faire son possible pour créer une Fédération de métiers.

Je propose que les Fédérations départementales soient admises au sein de la Confédération, sans préjudice de l'adhésion de la Bourse de la même localité à la Fédération des Bourses.

Moyse COIGNARD.

Les Fédérations locales ne seront admises à la Confédération du Travail que sous leur titre de travailleurs municipaux. Le Congrès les invite à faire le plus de diligence possible pour se fédérer nationalement.

A. NEYRON.

Repoussé.

Au nom de la Bourse du Travail et de la Fédération locale de Rennes que je représente, je demande que les Fédérations locales adhèrent à la Confédération jusqu'au jour où les Syndicats formant ces Fédérations seront assez nombreux pour fonder une Fédération nationale de métiers et parties similaires.

BOURGES.

Nous demandons le texte suivant :

Le Conseil confédéral se compose des délégués des Bourses du Travail fédérées ainsi que des délégués des Fédérations nationales de métiers similaires et Syndicats nationaux ou locaux qui ne peuvent se fédérer.

MAJOT, TEYSSÈDRE et LAFAIX.

Accepté.

Lorsqu'une Fédération de métier invitée à donner son adhésion à la Confédération ne répondra pas à cette invitation, les Syndicats de ce métier pourront entrer isolément dans la Confédération.

GUÉRARD, PACOTTE.

Je propose que le siège de la Confédération générale du Travail soit en dehors de la Bourse du Travail.

CAPJUZAN.

La Fédération des Bourses du Travail, conformément aux

déclarations de plusieurs de ses délégués, ne sera représentée que par trois délégués.

BESSET.

Repoussé.

La Chambre syndicale de l'Union des Travailleurs des industries textiles de Reims demande quelle sera sa situation vis-à-vis de la Confédération ; notre Organisation se trouve être obligée de repousser son entrée dans la Fédération du textile, par suite que cette Fédération suit une ligne de conduite politique et que nous nous refusons avec énergie de suivre une tactique semblable.

THIERRARD.

En présence des calomnies déversées par le journal *Le Télégramme* à l'encontre des congressistes qui se sont rendus à Albi pour visiter la Verrerie prolétarienne, traitant ces derniers de bande d'avinés, etc., etc., je propose au Congrès d'engager les Travailleurs de la région, ainsi que les Organisations ouvrières, à boycotter ledit journal et tous les journaux qui reproduiront ces mensonges.

SOULERY.

Les délégués estiment qu'il n'y a qu'à répondre par le mépris.

La séance est levée à midi, la prochaine est fixée à 2 heures.

NEUVIÈME SÉANCE

VENDREDI 24 SEPTEMBRE 1897 (Soir)

Présidence du citoyen Thierrard ; assesseurs : Ribrac et Galantus.

Appel nominal.

Richer se plaint de ce que des camarades se permettent, entre deux séances, de faire provision, sur les tables, de plusieurs papiers qui ne leur appartiennent pas et qui font défaut ensuite lorsqu'une discussion se produit à ceux à qui ils appartiennent. Il ne faut pas s'attribuer ainsi des documents qui ne vous appartiennent pas. Je proteste contre cette manière de procéder.

Le Président. — Tout le monde est d'accord pour réprouver cet acte et votre protestation sera sûrement comprise par ceux qu'elle vise.

Le Président donne lecture de la lettre suivante que lui a communiquée le camarade Guérard :

Tonnerre, le 23 septembre 1897.

Aux Citoyens Membres du Congrès,

La création récente du Syndicat des Petits Vignerons tonnerrois ne lui a pas permis, faute de ressources, de se faire représenter activement au Congrès corporatif de Toulouse.

Veuillez donc annoncer notre concours actif pour le prochain Congrès et présenter aux camarades présents à Toulouse nos sentiments sincères de fraternelle et profonde sympathie.

L'heure est venue, en effet, pour les travailleurs des champs de donner la main aux travailleurs des villes et de compléter ainsi l'armée du Travail.

Vive l'Union des travailleurs!

Vive la Révolution sociale!

Pour le Syndicat des Petits Vignerons tonnerrois et par ordre,

Le Secrétaire,

E. THUMEREAU.

Le Président. — Nous allons continuer la discussion qui a fait l'objet de la réunion de ce matin.

Riom donne de nouveau lecture des conclusions de son rapport.

Soulery. — Il ne faut pas que lorsqu'une proposition est faite, on se contente de dire : Ça ne se peut pas. Du moment que l'expérience n'a pas été faite, il faut la tenter et l'on verra après. C'est à propos de ce qui est dit pour les Fédérations des métiers que je parle ainsi.

Coignard. — J'estime que pour suivre une ligne de conduite directe, il doit y avoir au moins un représentant de chaque Fédération départementale à la Confédération.

Briat. — Il ne faut pas créer des Fédérations locales; actuellement il n'y a en fait de Fédération, que celle des Travailleurs municipaux. Ce qu'il faut faire, c'est envelopper toutes les Organisations centrales.

Neyron. — Si l'on se prononce pour la création de Fédérations départementales, nous n'aurons pas besoin de créer

des Fédérations nationales. Toutes les Chambres syndicales
ont le devoir de se fédérer par département.

Pacotte. — Il faut organiser par la Fédération des Bourses
la Fédération nationale par corps de métiers.

Chiron. — J'ai appris que des camarades du Congrès répandaient le bruit que nous avions fait un Congrès à Landerneau
avec le concours des catholiques ; je tiens à protester contre
ces assertions. C'est-à-dire que nous, les socialistes, nous
nous sommes dressés face à face contre les catholiques et que
nous avons osé faire notre Congrès en plein centre réactionnaire, dans la ville même où les catholiques avaient précédemment tenu un Congrès.

Permettez-moi de vous affirmer que si les Bretons sont
arriérés, ils sont..... tenaces et que lorsqu'ils ont compris
quelque chose, qu'ils l'ont dans la tête, il est bien difficile de
le leur en sortir. Ils sont entêtés, c'est vrai, parfois réfractaires au progrès, mais aujourd'hui ils comprennent les
avantages que peuvent leur procurer les Organisations syndicales et vous verrez qu'avant qu'il soit peu de temps ils
avanceront d'un pied ferme dans la bonne voie que nous leur
traçons, je veux dire dans la voie du progrès.

Le Président. — Je crois, camarades, qu'il est inutile, étant
donné toutes les affaires que nous avons encore à examiner,
et le peu de temps qui nous reste, de prolonger cette discussion qui, ce matin, a duré passablement; nous avons eu une
multitude d'ordres du jour sur lesquels le Congrès s'est prononcé, ils résument, en somme, tout ce que les orateurs peuvent dire.

La discussion est close et les nouveaux statuts, élaborés
par la première commission sont adoptés, article par article.

Meyer. — Je désire poser une question à l'Assemblée : Où
sera le siège de la Confédération générale du Travail ?

Capjuzan. — Je propose que la Confédération générale ait
son siège social à Paris, en dehors de la Bourse du Travail.

Le camarade **Fournier** appuie cette proposition avec
l'amendement suivant :

Le Congrès décide que tous les efforts du Comité national de la
Confédération devront tendre à ne pas adhérer à la loi de 1884,
tout en sauvegardant la vitalité de la Confédération.

La proposition et l'amendement sont adoptés à l'unanimité
moins une voix.

Laurens engage la Confédération à s'entendre avec la Fédération des Bourses et présente l'ordre du jour suivant, signé, Girard, Thierrard, Delesalle et Laurens :

Nous demandons que la Confédération générale du Travail ait son siège au local de la Fédération des Bourses du Travail, à seule fin que les frais soient moins grands pour les deux Organisations et pour sauvegarder leurs dignités.

Lemaître, d'Angers, présente le motif de son vote sur la proposition Capjuzan.

Au nom des Organisations d'Angers que je représente j'accepte la motion Capjuzan sur le siège de la Confédération, mais je fais toutes réserves sur les appréciations qu'il a faites relativement à la loi de 1884, le Congrès n'étant pas réuni pour en discuter les avantages ou les inconvénients.

La parole est au camarade **Laurens** pour la lecture du rapport de la 4me Commission sur la grève générale :

RAPPORT DE LA 4me COMMISSION

SUR LA

GRÈVE GÉNÉRALE

CITOYENS,

Votre Commission n'a pas cru devoir vous faire une nouvelle déclaration de principe, sur cette question, qui a été affirmée par les Congrès de Nantes, Limoges et Tours, pensant avec raison que cela serait superflu.

Attendu que cette conception, comme moyen d'émancipation, est admise par la généralité des Organisations et des prolétaires conscients, qui voient en cela une arme redoutable capable d'amener les capitalistes à passer par les lois de la nature.

Nous avons examiné seulement s'il n'y avait pas de moyens susceptibles d'en propager l'idée, d'en faciliter son exécution et d'en assurer sa réussite.

Pour cela nous proposons :

1º Qu'il soit créé des sous-comités dans chaque Bourse du Travail, et partout où il sera possible, qui se tiendront en rapport constant avec le Comité de la grève générale, constitué conformément aux décisions du Congrès de Tours ;

2º La distribution de brochures, l'organisation de conférences, etc., en un mot toute propagande possible pour en développer l'idée jusque dans les hameaux les plus retirés.

Pour faciliter cette tâche, nous demandons que les Organisations retiennent elle-mêmes le 5 %, retenue prescrite par le précédent Congrès et qu'elles envoient directement les sommes recueillies aux grévistes, sans passer par le canal du Comité de la grève générale, cela pour éviter de doubler les frais d'envoi et faciliter la promptitude des secours aux intéressés.

Il est bien entendu que le 5 % retenu devra être adressé intégralement au Comité.

Nous prévenons également les camarades qui envoient des fonds par l'intermédiaire des journaux qu'il est bon, dans l'intérêt de tous, d'inviter ces mêmes journaux à retenir le 5 % pour le faire parvenir ensuite au Comité de la grève générale.

Il ne faut pas, si nous sommes bien imbus de l'idée, négliger le moindre détail.

Nous vous proposons aussi, pour en faciliter sa réussite, et comme moyen de propagande et également pour maintenir en rapports fréquents les Syndicats avec leurs adhérents subissant la loi militaire de bien vouloir mettre en pratique, ce qui se fait depuis un certain temps dans les Syndicats du Centre, des statuts desquels nous détachons un article ainsi conçu :

« La cotisation mensuelle est fixée à *(le chiffre)* sur laquelle il sera prélevé 5 centimes pour être répartis entre les sociétaires devenus soldats; ne peuvent y avoir droit que les camarades ayant au moins quinze mois de présence au Syndicat. »

Au premier abord, on pourrait ne pas y attacher une grande importance, cependant, avec un peu de réflexion, considérant sa destination, nous pensons que pratiquer cette idée c'est mettre une entrave à la répression tant mise en avant par les adversaires de la grève générale.

Nous devons cependant le reconnaître, nous ne croyons pas à la possibilité d'en empêcher la réussite; nous ne craignons pas encore d'ajouter qu'il est à la disposition de tout être, et encore mieux de tout groupement, de se rendre compte des découvertes scientifiques connues de nos jours, et qui peuvent être employées à l'avantage du prolétariat, au cas où cela serait nécessaire à son émancipation.

Nous ne voulons pas terminer, citoyens, sans vous signaler les adhésions nouvelles au principe de la grève générale, qui sont celles des Boulangers, des Bouchers et Cuisiniers de Paris; la confirmation nouvelle de l'Union des Syndicats de la Seine, de la Bourse du Travail de Nantes, etc.

Nous concluons en vous proposant l'acceptation de ce rapport, qui n'est que la confirmation des décisions prises dans les précé-

dents Congrès, à part quelques indications que chacun voudra
bien s'efforcer de mettre à exécution.

En ce qui concerne les grèves partielles, votre Commission
déclare, statistique en main, qu'elles sont généralement préjudiciables aux intéressés et conséquemment il serait heureux d'en
voir la fréquence disparaître, quoique nous ne doutions pas qu'il
y ait des cas de grève inévitable.

Le Rapporteur,   La Commission,
E. LAURENS.   GIRARD, GALANTUS, CAPJUZAN,
                        REISZ, MAYNIER, CHIRON.

RAPPORT

DU

COMITÉ DE PROPAGANDE DE LA GRÈVE GÉNÉRALE

Nommé par le VIII° Congrès national corporatif (Tours 1896)

Le Comité, à l'expiration de son mandat, vient vous rendre
compte de ses actes.

Il convient, avant d'entrer dans le détail de la propagande faite
par le Comité, de faire remarquer que bien peu d'Organisations se
sont conformées aux décisions du Congrès de Tours. Aussi, en ce
qui concerne les 5 % sur toutes les souscriptions destinées aux
grèves partielles, fort peu d'Organisations de province s'y sont
soumises et cependant c'était là, pour le Comité, l'unique moyen
de pouvoir organiser une propagande sérieuse.

Nous devons reconnaître, toutefois, que certaines corporations
ont tenu leurs engagements. Nous citons en premier lieu
l'Union des Syndicats du département de la Seine qui a versé
régulièrement au Comité, la Fédération nationale des ouvriers
Métallurgistes de France, le Syndicat national des Travailleurs
des Chemins de fer, les Chapeliers de France, la Fédération des
Mouleurs de France, la Bourse du Travail de Perpignan.

En dehors des difficultés financières résultant de ce qui précède,
le Comité a rencontré, d'un autre côté, des empêchements à son
fonctionnement.

Lorsqu'il a voulu constituer son bureau, il a fallu attendre plus
d'un mois avant de pouvoir réunir les camarades nommés par le
Congrès de Tours et nous devons ajouter que pendant toute la
durée de notre mandat quelques membres ont absolument
négligé de venir aux réunions.

Malgré cette situation désavantageuse, le Comité a organisé
dans le département de la Seine, avec l'espérance d'en faire

autant en province par la suite, diverses réunions de propagande. Ces réunions ont toujours abouti au résultat que nous espérions, c'est-à-dire à l'acclamation de la grève générale. Pour nous, l'attitude des travailleurs est un fait acquis pour la grève générale, et nous vous proposons de colporter l'idée dans toute la France, sinon au moyen de conférences, tout au moins par la publication de brochures sur la question.

Il y a, de ce côté, beaucoup à faire, car nombre de travailleurs bien décidés à s'émanciper ne connaissent pas la grève générale.

Il faudrait donc rallier ces hésitants qui deviendront, par la suite, les meilleurs champions de l'idée que nous préconisons.

Nous espérons que le IXᵉ Congrès examinera notre gestion en toute sincérité, et qu'à l'avenir les décisions des Congrès ne seront plus lettre morte pour un certain nombre d'Organisations.

Si nous comparons la situation actuelle à celle exposée en 1894, à Nantes, la différence est grande, car, à cette époque, bien que l'idée de grève générale fut bien moins connue que maintenant, le Comité avait en sa possession de tels moyens de propagande qu'il avait pu, au moment de la grève des Mineurs du Nord et du Pas-de-Calais, envoyer un délégué sur place et des sommes qu'il est inutile de rappeler.

La raison de cette différence est bien simple : à cette époque, le Comité était chargé de la gestion de la caisse nationale des grèves, ce qui lui avait permis d'être en relations avec la majeure partie des syndicats et Bourses du Travail de France.

Il n'a pu en être ainsi durant les années 1896-97 et nous avons dû assister à une importante grève générale des ouvriers du Bâtiment sans pouvoir y envoyer un délégué.

Si le Congrès n'entendait pas confier la caisse des grèves au Comité de la Grève générale, il pourrait donner suite à l'idée émise par nous de créer dans chaque Bourse du Travail un Sous-Comité nommé par les syndicats la composant, lequel aurait dans sa région la caisse des grèves sur laquelle il prélèverait 5%, dont une partie, 2 % par exemple, pour son fonctionnement et 3 % pour le Comité central, afin de permettre à celui-ci d'organiser une propagande incessante, soit par brochures, soit par conférences.

Le Congrès pourrait encore charger le Comité d'organiser une sorte de referendum auprès de toutes les associations prolétariennes pour lui demander quelle est la question susceptible de pouvoir, à un moment donné, amener la grève générale. Cette consultation aurait le double avantage de faire connaître l'esprit des Organisations en général et de nous mettre en rapports constants avec elles.

Au point de vue financier, il est une question que nous ne pouvons passer sous silence, bien que nous sachions d'avance à quelles difficultés nous nous heurterons en l'abordant.

Il s'agit des sommes adressées directement par un certain nombre d'Organisations ouvrières aux journaux pour les grèves partielles.

Nous demandons au Congrès de décider qu'à l'avenir tous les journaux socialistes soient tenus de verser au Comité de la grève générale 5 % sur les sommes qu'ils recevront pour les grèves partielles, conformément aux décisions prises dans les Congrès nationaux corporatifs.

Pour les journaux de province, les Sous-Comités organisés par les Bourses du Travail veilleraient à l'exécution de cette décision.

Lorsqu'un journal ou un Syndicat refuserait de se soumettre à cette décision, le Comité central enverrait une circulaire invitant toutes les Organisations à ne plus lui confier leurs souscriptions.

Notre mission pour l'année 1896-97 est mince sans doute, cependant nous avons conscience, citoyens, d'avoir fait notre devoir eu égard aux ressources plus que modestes dont nous avons disposé et que vous pourrez contrôler par notre rapport financier que vous lirez plus loin.

Nous espérons donc que vous adopterez nos propositions et que le Comité pourra, après le Congrès, propager avec plus de vigueur que jamais cette idée que tous les travailleurs vraiment conscients connaissent : la Grève générale.

Pour le Comité : *Le Rapporteur*,

H. GIRARD.

COMPTE RENDU FINANCIER

RECETTES

Versé par l'Union des Syndicats de la Seine, sur les 5 % caisse des grèves..	341 05
Fédération nationale de la Métallurgie...........	95 55
Fédération nationale des Mouleurs de France, grèves Saint-Etienne et Antoigné...............................	53 70
Confédération générale du Travail, somme versée par le Syndicat des Chemins de Fer..........................	45 65
Syndicat des Chapeliers de la Seine....................	4 65
Bourse du Travail de Perpignan........................	5 »
Bourse du Travail de Tours	2 45
TOTAL............	548 05

DÉPENSES

Dépense pour frais d'affiches, circulaires et réunion publique.. 245 »
Versé à l'Union des Syndicats de la Seine, pour frais d'envoi de fonds de grève 75 85
Versé au Secrétaire du Comité de la Grève générale, pour frais de correspondance.......................... 46 65
Versé au Trésorier, pour frais de correspondance et frais divers.. 18 20
Achat de livres, registres et accessoires .... 32 »

TOTAL........... 417 70

Recettes........................... 547 90
Dépenses........................... 417 70

RESTE EN CAISSE......... 130 20

Pour délégation au Délégué, avoir versé la somme de 200 francs

Le Trésorier,

H. GIRARD.

Maynier, qui parle au nom de la Typographie parisienne, déclare que la Chambre syndicale qu'il représente est hostile à la grève, qu'elle soit générale ou partielle.

Besset. — Je proteste contre la discussion sur la grève générale, qui n'est pas à l'ordre du jour et dont on ne devrait pas s'occuper ; je dépose une déclaration au Bureau, dont je demande l'inscription, et je rentre dans la question à l'ordre du jour : « Grèves générales ou partielles par industrie. »

A Lyon, à la Fédération des Syndicats, nous sommes partisans des grèves générales par industrie. Chaque fois qu'une grève éclate, il faudrait la généraliser (par industrie).

On parle de grève partielle, mais voyez donc combien il faut d'efforts pour ramasser 300 ou 400 francs par jour en faveur des grévistes et croyez-vous que s'ils sont seulement 5 ou 6,000 cet argent peut bien les soutenir? Nous savons tous, nous qui travaillons, que ce n'est pas sur le produit de notre travail que nous pouvons prélever grand'chose pour les camarades. Nous subirions bien quelques privations mais ce sera si peu !

Ce qui, je crois, serait plus juste que de se serrer le ventre, ce qui ne sert à rien, ce serait, quand une grève se déclare, que tous les camarades de la même industrie fassent cause

commune avec les grévistes, la production se trouverait
arrêtée du coup et les camarades de la localité où a éclaté
la grève auraient satisfaction. Il faut, en somme, que le
mouvement soit généralisé par industrie. Ce que j'approuve
donc, c'est la grève générale par industrie.

Hamelin. — Je suis un partisan acharné de la grève
générale, mais avec le mandat impératif que j'ai reçu, je suis
obligé de voter contre. Je dois dire, cependant, que, posses-
seur de plusieurs mandats, pour les uns je devrai voter
pour et pour les autres contre.

Neyron dit qu'à Saint-Etienne on a beaucoup discuté à
ce sujet et qu'on a reconnu l'utilité des grèves partielles par
industries.

Je viens de remettre un ordre du jour sur le bureau. Il
est rédigé dans le sens que je viens d'indiquer.

Chiron. — Nous sommes venus ici avec l'idée bien arrêtée
que le principe de la grève générale ne serait pas mis en
discussion.

Sur la proposition du camarade **Fournier,** le **Président**
met aux voix la question de savoir si le Congrès est d'avis
de voter sur le principe de la grève générale, pour qu'il soit
mis en discussion.

Adopté à l'unanimité moins 4 voix.

Danflous. — Je tiens à déclarer que je suis pour la grève
générale comme moyen d'action, mais je ne la considère pas
comme seul moyen d'action.

Fournier lit un ordre du jour qui, plus tard, sera mis aux
voix.

Girard. — J'entends dire : Que ferez-vous le lendemain de la
grève générale ? Je n'en sais rien, et ce n'est pas ce qui doit
nous préoccuper pour le moment.

Je demande qu'on ne discute que sur les moyens à
employer pour faire la propagande. Je désirerais que sur
les 5 % qui sont prélevés pour la grève, on en retienne une
partie pour la propagande faite par la voix de la presse.

Groq. — Avant d'entrer dans le fond de la question, je
tiens à faire une déclaration, car j'ai sur cette affaire deux
mandats complètement différents, l'un qui m'oblige à voter
pour, l'autre contre.

La Bourse de Limoges estime que la question de la grève
générale doit être indépendante de la Confédération, car la
grève générale a été jusqu'ici une sorte de tremplin politique

dont les gouvernements réactionnaires ne tarderont pas à se servir contre le socialisme.

Le syndicat des Employés de commerce de Toulouse, que je représente également, votera pour la grève générale.

Chiron, de Brest. — Je demande que mon abstention sur la grève générale figure au procès-verbal.

Le Président. — Elle sera mentionnée et j'engage tous les délégués qui ont une proposition à faire ou des votes à motiver à bien vouloir les transmettre par écrit, cela abrègera les discussions et fera gagner du temps.

Chiron. — Une chose à laquelle il faut s'attacher, c'est de profiter des grèves pour faire du mouvement. Ainsi, chez nous, il y a cinq ou six mois, les Peintres de Quimper se sont mis en grève. Nous en avons profité pour faire de l'agitation afin d'engager les camarades à se syndiquer et remarquez que nous sommes dans une excellente voie. De même que pour les pêcheurs de sardines de la côte, les journaux réactionnaires et opportunistes ont mis Jaurès et autres socialistes au défi d'aller au milieu de ces populations bretonnes. Nous, les socialistes brestois, nous relevons le défi, et à la première occasion nous irons sur la côte, parmi les pêcheurs, et il faut espérer qu'un jour ils se feront représenter dans les Congrès.

La clôture est demandée et prononcée.

Reisz. — Ce qui, je crois, sera excellent, ce sera la création de Sous-Comités en province et fonctionnant à côté des Bourses du travail. Ils constitueront, à mon avis, un auxiliaire puissant en bien des circonstances ; aussi, d'accord avec le conclusions du rapport je ne veux pas discuter de *l'utilité de la grève générale,* c'est un moyen qui a été voté par plusieurs congrès nationaux et sur lequel il n'y a plus à discuter, si ce n'est pour la faire aboutir. Ces moyens, le rapport vous les fournit ; d'une part : la création de Sous-Comités créés en province, fonctionnant dans les Bourses du travail ou à côté, suivant comme les camarades des localités le jugeront nécessaire ; ces Sous-Comités seront en correspondance suivie avec le Comité central. En plus de ce moyen, entretenir des relations avec les camarades qui sont sous les drapeaux et qui ont appartenu aux Organisations corporatives.

Faisant allusion aux grèves partielles, il les regrette mais ne les condamne pas ; quant aux grèves par industrie ou corps de métier, l'orateur les croit plus préjudiciables que les précédentes.

Girard dit qu'il est partisan de la grève générale et que les camarades du Livre en sont partisans aussi ; il appuie la proposition relative à la création de Sous-Comités.

Capjuzan. — Je combats les grèves partielles d'une façon formelle.

Nous devons engager le prolétariat à ne pas déclarer autant que possible des grèves partielles et le Congrès devrait se prononcer contre ces grèves.

Briat. — Nous sommes d'accord sur le principe de la grève générale, mais je demande au Congrès d'abandonner les questions théoriques pour entrer dans la pratique. Si nous créons des Sous-Comités en province, il faut leur donner les moyens de faire de la propagande.

Je demande donc que les Organisations partisantes de la grève générale engagent leurs syndiqués à verser un sou par mois au Comité de la Grève générale.

Je suis partisan d'encourager la grève générale d'industrie, parce qu'il pourrait arriver que cette grève d'industrie se transforme en grève générale de tous les prolétaires.

Neyron. — Les mineurs sont les travailleurs qui, sans doute, sont ou seront les premiers prêts à faire éclater la grève générale et vous savez tous qu'ils entraînent avec eux une foule de corporations. Aussi, j'invite le Congrès à adopter la proposition que voici :

Je propose que la grève générale soit faite par une seule corporation organisée nationalement ou internationalement. En conséquence, je propose, selon le mandat que j'ai reçu, la corporation des mineurs, qui me paraît la plus apte, après examen, pour mener à bien cette œuvre de propagande ; toutes les forces socialistes se concentreront afin d'organiser cette corporation et feront tout le nécessaire pour sa réussite.

Laurent ne reconnaît pas le droit à qui que ce soit de dire : la grève générale partira de telle ou telle industrie, cela n'est pas possible ; la grève générale éclatera au moment où on s'y attendra le moins et elle peut venir aussi bien d'une autre corporation que de celle des mineurs, et il serait nuisible à l'idée de dire telle corporation en donnera le signal.

Maison. — Tout en étant partisan de la grève générale, nous voudrions que les Congrès laissent la possibilité à chaque corps de métier de faire des grèves partielles. Dans notre corps de métier, nous en avons vu l'utilité pour obtenir la journée de 10 heures, au lieu de 11 heures que l'on faisait avant.

La clôture de la discussion est demandée et prononcée.

Laurent, rapporteur, répond aux orateurs qui ont pris la parole et déclare maintenir les conclusions de son rapport.

Le Président met aux voix les amendements ou ordres du jour suivants :

Au nom de la Bourse du Travail de Rennes, je demande que chaque Syndicat soit libre d'envoyer son argent aux grévistes, comme il l'entend, sans qu'il soit tenu de retenir le 5 % pour la grève générale.

BOURGES.

La Fédération des Chambres syndicales des Coupeurs et Brocheurs en chaussures demande que chaque Fédération de métier soit libre de déclarer la grève de toute la corporation lorsqu'elle le jugera nécessaire pour toute revendication, et que le Congrès n'impose à aucune Fédération de s'immobiliser lorsqu'elle est certaine de réussir dans un mouvement gréviste. Il nous reste cependant à déclarer qu'en principe notre Fédération est partisan de la grève générale.

MAISON.

La Chambre syndicale des Ouvriers en Instruments de précision, dans le but de fournir les fonds nécessaires à la propagande de la grève générale, demande que chaque Syndicat adhérent au principe verse 5 centimes par mois et par syndiqué payant à la Caisse générale ; le Comité pourra disposer des fonds pour soutenir une grève générale d'industrie.

BRIAT.

Repoussé.

Je demande que le Congrès n'oblige pas les journaux à retenir le 5 % en faveur de la grève générale, sur les sommes qui leur seront versées par les Organisations.

RENAUDIN.

Proposition Fournier :

Les Organisations que nous représentons demandent qu'on mette aux voix le principe même de la grève générale, qui est synonyme de Révolution.

FOURNIER, Eug. REISZ, ROLLAN, THIERRARD,
P. DELESALLE, GIRARD.

Adopté.

Le Congrès se déclare partisan de généraliser les grèves par industrie.

BESSET.

Adopté.

Je me déclare partisan de la grève générale. Mais considérant que la question n'est pas et ne doit pas être mise à l'ordre du jour je m'abstiens au vote, me réservant sur la question de la grève générale par industries.

BESSET.

Je vote pour la grève partielle par industrie.

A. NEYRON.

Les Menuisiers et les Couvreurs voteront la grève par industrie.

S. RIGOT.

La Chambre syndicale des Ouvriers Charpentiers de Pau se déclare seulement pour la grève partielle par industrie.

ROLLAN.

Les Peintres en Bâtiment de Paris déclarent voter pour la grève générale par industrie.

COLONI.

Pour la grève générale par industrie.

NEAU.

Nîmes déclare voter pour la grève générale par industrie.

Les Tailleurs d'habits du Mans et les Syndicats des Cordonniers de Blois sont contre la grève générale.

N. RICHER.

La Chambre syndicale typographique de Paris est contre la grève générale.

J. MAYNIER.

Les Sculpteurs adhérents à la Fédération du Bâtiment de Nantes déclarent, seuls des Syndicats fédérés, voter contre la grève générale.

Le Syndicat des Corroyeurs de Nantes vote contre la grève générale.

Au nom des Pâtissiers de la Seine, je déclare voter contre la grève générale et demande l'inscription au procès-verbal.

MEYER.

J'ai un devoir bien pénible pour moi à remplir, c'est de voter contre la grève générale au nom des Travailleurs du Livre, étant un partisan bien convaincu de ce moyen d'arriver à l'émancipation du prolétariat.

Mais étant partisan du mandat impératif, je me soumets au vote du dernier Congrès typographique.

Représentant aussi le Syndicat typographique de Lille, selon ce deuxième mandat, je m'abstiens.

L'Union syndicale de Vichy, que je représente également,

m'ayant laissé toute latitude, je vote donc en son nom pour le principe de la grève générale.

HAMELIN.

La Bourse du Travail d'Angers a voté le principe de la grève générale, mais fait toutes réserves sur la constitution du Comité et sur son fonctionnement.

J. LEMAITRE.

La Bourse de Limoges est contre la grève générale.

Délégué de l'Union métallurgique de Toulouse, je vote contre la grève générale.

DULONG.

L'Union des Syndicats de la Voiture et la Fédération des Travailleurs municipaux votent contre la grève générale.

Rollan demande que dans les Congrès futurs, par mesure d'économie, le Comité de la Grève générale n'envoie pas un délégué spécial, alors que ce Comité est déjà représenté par son secrétaire.

Corbière. — Vous avez une proposition sur le bureau qui vous donnera satisfaction.

Rollan. — Eh bien, je me rallie à cette proposition.

Lecture est donnée de cette proposition qui émane de **Renaudin.**

Renaudin. — Au nom des Organisations que je représente, je regrette que le Comité de la Grève générale ait envoyé un délégué puisque le secrétaire de ce Comité venait au Congrès.

Il aurait été préférable de conserver la dépense qu'entraîne la délégation pour la propagande.

Le Congrès engage le Comité de la Grève générale à prendre note de cette observation.

Sur la proposition du Président, on procède à la nomination des membres qui doivent composer le Comité pour la Grève générale.

Sont désignés les camarades Girard, Guérard, Capjuzan, Galantus.

La séance est levée et la prochaine renvoyée à demain matin, 7 heures et demie.

DIXIÈME SÉANCE

SAMEDI 25 SEPTEMBRE 1897 (Matin)

La séance est ouverte à 7 h. 1/2 du matin, sous la présidence du citoyen Lagailse; assesseurs : Richer et Bourges.

Après l'appel nominal, la parole est donnée au rapporteur de la 5me Commission, le camarade Chiron, des Travailleurs de Brest.

Le Rapporteur communique à l'assemblée son rapport :

RAPPORT DE LA 5me COMMISSION

La 5me Commission, composée des citoyens Besset, Danflous, Chiron, Domange, Maison, Lafaix, Renaudin et Bourges, présente au Congrès de Toulouse le rapport ci-dessous sur les questions suivantes :

1° **Suppression de tout travail fait par l'élément militaire dans les casernes, soit pour l'entretien et les services divers des casernements, soit pour tout ce qui a trait à l'habillement, l'équipement et le harnachement. Tous ces travaux devront être exécutés dans l'industrie privée;**

2° **Travail dans les prisons et maisons de détention civiles et militaires;**

3° **Travail dans les couvents et ouvroirs.**

CAMARADES,

Des rapports déposés à la Commission et des observations verbales qui y ont été faites, il résulte que le travail exécuté dans les casernes par l'élément militaire porte un tort considérable aux ouvriers de l'industrie.

Les travaux qui y sont exécutés peuvent se diviser en deux catégories :

1° Travaux neufs;

2° Travaux d'entretiens.

Les travaux neufs sont : habillement, chaussure, équipement et harnachement,

Pour l'exécution de ces travaux on emploie des hommes qui ont été enlevés à leur foyer pour leur apprendre des exercices plus ou moins acrobatiques et du maniement d'armes. Ils sont occupés d'une façon permanente.

Les travaux d'entretiens, tels que maçonnerie, menuiserie, etc., sont souvent faits par des corvées de militaires; on y emploie même des réservistes.

Parmi les militaires employés aux travaux neufs il y en a qui sont spécialement affectés au travail pour l'élément civil, c'est-à-dire qu'il se fait dans les casernes :

1° Habillement et chaussure des hommes de troupe;

2° Habillement et chaussure pour les civils.

La Fédération nationale des Cuirs et Peaux signale que les militaires reçoivent un salaire journalier de 30 à 40 centimes.

La Bourse du Travail de Nîmes et celle de Nevers signalent que les militaires employés aux travaux d'entretien, maçonnerie, menuiserie, plomberie, etc., sont payés de 27 à 30 sous par trimestre.

La Chambre syndicale des Tailleurs d'habits et les Cordonniers de Brest signalent que les musiciens de la marine font un tort considérable aux ouvriers de leur corporation. En effet, l'uniforme qu'ils portent leur donnant droit de pénétrer dans l'arsenal et de monter à bord des navires, ils y vont faire les courtiers de commerce.

La Commission a cru devoir ajouter la travail fait dans les couvents et ouvroirs.

Les travaux qui sont faits dans ces établissements sont non-seulement des exploitations industrielles, mais une exploitation de l'enfance et une cause d'avilissement de salaire.

Le travail des prisons a été de la part de votre Commission l'objet d'une étude approfondie.

Nous signalerons, d'abord, les conclusions des rapports écrits et verbaux dont nous avons eu connaissance.

Fédération nationale des Cuirs et Peaux : Application des tarifs syndicaux.

Cuisiniers de Paris, Alimentation ouvrière : Application des tarifs syndicaux.

Bourse du Travail de Rennes : Application des tarifs syndicaux.

Chambre syndicale des Selliers de Toulouse : Application des tarifs syndicaux.

La Bourse du Travail de Bourges signale que les ouvriers militaires occupés aux travaux d'entretien ne sont pas payés et qu'une quantité de travaux neufs sont faits par les militaires.

La Fédération syndicale des Travailleurs du Finistère présente les conclusions du Congrès départemental, tenu à Landerneau le 5 septembre de cette année : Suppression du travail des prisons.

La ville du Mans signale un fait qui s'est passé dans cette localité.

Le colonel du 117° régiment d'infanterie a trouvé le moyen de faire exécuter les travaux de réparation de son immeuble par des soldats de son régiment, cela au détriment des ouvriers de la ville. Le Conseil local du Bâtiment de la ville du Mans signale ces faits regrettables au Congrès de Toulouse.

Bourse du Travail de Saint-Nazaire : Suppression du travail des prisons.

La Chambre syndicale du Bâtiment de Landerneau signale que le directeur de la maison centrale de cette ville s'est fait faire par les détenus une chambre à coucher en noyer frisé et une salle à manger en chêne sculpté.

La Commission porte à la connaissance du Congrès que lorsqu'il y a des commandes qui arrivent dans les prisons, on opère des râfles d'hommes et de femmes, ce qui constitue une armée de travailleurs à la disposition des entrepreneurs et adjudicataires.

Votre Commission, camarades, s'est trouvée en présence d'une très grande majorité de conclusions acceptant la mise en pratique des tarifs syndicaux à la suite d'observations présentées par le délégué de la Fédération syndicale des Travailleurs du Finistère, apportant les conclusions du Congrès de ce département ; nous demandons au Congrès de Toulouse de vouloir bien ratifier les décisions de ce Congrès, sanctionnant nos conclusions, acceptées à l'unanimité des membres de la Commission, pour les raisons suivantes :

L'acceptation de l'application des tarifs syndicaux serait : 1° une cause d'avilissement des salaires ; 2° la disparition des syndicats des corporations des villes qui ont à souffrir du travail des prisons.

Nous nous expliquons : l'application des tarifs syndicaux ne peut avoir lieu qu'en vertu d'une loi. Les salaires ouvriers ne sont soumis à aucune réglementation et subissent, par conséquent, l'influence de l'offre et de la demande ; c'est-à-dire que lorsque le travail abonde les salaires sont susceptibles d'augmentation, et lorsque les bras abondent les salaires tombent immédiatement, quelquefois même au-dessous de ce qui est nécessaire à l'entretien des familles d'ouvriers.

Or, comme nous savons pertinemment que les exploiteurs de chair humaine qui, tous, sans exception, n'ont qu'un caillou à la place du cœur, et que leur coffre-fort est leur dieu, ils ne manqueraient pas de saisir l'occasion que nous leur donnerions de mettre en pratique leurs vertus, si nous acceptions l'application des tarifs syndicaux. Il était à craindre que le patronat ne demande lui-même l'application de ces tarifs ; il n'a pas saisi l'importance des avantages qu'il pouvait en retirer, sans cela il aurait, sous forme de concession généreuse, mais hypocrite, accepté la revendication de l'application des tarifs syndicaux.

Examinons maintenant ce qui se produirait fatalement lorsque les syndicats auraient déterminé le prix de la main-d'œuvre : les patrons seraient dans l'obligation de s'y conformer, très bien ! alors ceux-ci, trouvant que ces tarifs sont trop élevés, se serviront de l'arme que vous leur aurez mis entre les mains et la retourneront contre les ouvriers.

Etant donné que les salaires ouvriers sont soumis à la libre acceptation des deux parties, le patron proposera à ses ouvriers une baisse de salaire ; ceux-ci refuseront naturellement. Alors comme la prison tient en réserve une armée de travailleurs à sa disposition, il y fera faire son travail, jetant sur le pavé les ouvriers de son industrie.

C'est alors que les travailleurs s'apercevront que ce qu'ils croyaient une réforme, une cause pouvant leur permettre de maintenir leur salaire, n'est qu'une arme de plus qu'ils auront eux-mêmes donnée au patronat.

Avec l'application des tarifs syndicaux, c'est la ruine, la misère, le désastre dans nos Organisations syndicales.

La Commission vous propose aussi de demander la sélection des catégories de condamnations, de façon à éviter la contamination par le contact des gens que la société a poussés dans l'abîme. Nous demandons aussi que les détenus soient plutôt considérés comme malades et qu'ils soient soignés par la moralisation. Pour obtenir ces résultats, nous proposons le remplacement des prisons par le système de colonisation.

Comme conclusion de ce qui précède, la 5me Commission demande au Congrès de vouloir bien voter ce qui suit :

I. Considérant que le travail fait par l'élément militaire dans les casernes porte un tort considérable aux ouvriers des corporations intéressées, le Congrès demande : 1° Que les militaires ne soient plus employés à aucun travail y compris les ouvriers des compagnies auxquels tout salaire a été supprimé ; 2° que l'Etat mette à la disposition des Organisations ouvrières les moyens nécessaires pour l'exécution de tous les travaux faits dans les casernes et pour l'armée, ce qui serait un acheminement vers l'organisation des services publics ;

II. Considérant que le travail fait dans les couvents et ouvroirs porte un grave préjudice aux ouvrières, le Congrès demande l'interdiction dans ces établissements de tout travail industriel ;

III. Considérant que le travail industriel fait dans les prisons est une cause de perturbation sociale : 1° En ce qu'il est la cause de la misère que subissent les familles d'ouvriers des industries qui y sont exploitées ; 2° en ce que la cohabitation des détenus est une cause de démoralisation, le Congrès demande la suppression

complète, absolue, de tout travail fait dans les prisons portant
atteinte aux ouvriers libres et la suppression du régime des
prisons pour y substituer le système de colonisation.

Le Rapporteur :

Victor CHIRON,

*Délégué de la Fédération syndicale des Travailleurs
du Finistère.*

Cumora a la parole : Je crois que tous ici sommes unanimes pour réprouver le système actuel qui consiste à faire
exécuter le travail dans les prisons, les casernes et les
ouvroirs. J'aurais pu m'arrêter au mot prisons, car les
casernes et les ouvroirs ne sont, en réalité, que des prisons
aussi. Après avoir entendu la lecture du rapport, j'ai cru
devoir prendre la parole pour exprimer le regret que
j'éprouve de constater que la Commission n'a point parlé
des ouvriers des compagnies. Voici ce qui se passe pour eux :
Ces ouvriers ne sont pas payés du tout depuis l'apparition
de la circulaire d'il y a deux ans ; aujourd'hui ils ne touchent
qu'un sou par jour comme les autres soldats. Je puis en
parler savamment parce que j'ai fait partie de la compagnie
d'ouvriers de Toulouse. A mon entrée, les ouvriers avaient
six sous par jour ; après la circulaire, ne devant plus
toucher qu'un sou, j'ai décidé, pour ma part, de ne travailler
que pour un sou et même pas du tout. Or, savez-vous ce
qui est arrivé? C'est qu'après m'avoir flanqué en prison
pour un mois, on m'a envoyé au 23ᵉ d'artillerie.

Groq. — Le rapporteur a parlé des musiciens de la marine.
J'approuve ses déclarations.

En effet, les musiciens de la flotte ne sont pas soldats, ils
portent un uniforme qui leur donne certaines prérogatives et
ils sont libres toute la journée. On leur permet même de
vaquer à certains travaux lucratifs ; ils ont du reste tous un
métier. Or, voici combien ils sont favorisés : Les simples
pékins ne peuvent pas entrer dans les arsenaux de l'Etat ; eux,
bien que n'étant ni civils, ni militaires, grâce à leur tenue
ils montent sur les bateaux, passent partout et vendent aux
marins diverses choses qu'ils paieraient bien moins cher
s'ils pouvaient les acheter à terre. On les exploite, on leur
vend très cher et c'est par ce moyen que ceux dont je parle
ne tardent pas à devenir de petits rentiers. Notre devoir est
de tenter d'arriver à faire cesser ces marchandages ouvriers

et obtenir que l'argent destiné à ces musiciens aille aux ouvriers.

Il arrive aussi que dans les régiments se trouvent des individus connus sous les noms de maîtres-tailleurs ou maîtres-cordonniers; ils ont le grade de sergent et ne font pas de service; ils ne font qu'allonger leurs poches.

Je sais bien qu'ils font ou font faire des chaussures ou des effets de fantaisie pour les officiers qui ne les paient pas très cher, mais voici pourquoi : c'est que la plupart des marchandises, des fournitures sont prises aux fournisseurs de l'État, par conséquent avec un rabais considérable. Il faut faire cesser cet état de choses.

Besset. — Nous n'avons pas pu englober toutes les spécialités. Il est certain que puisqu'on demande la suppression de tout travail dans l'élément militaire, les cas signalés par l'ami Groq sont compris.

Nous avions dit même que nous demandions la suppression des ordonnances des officiers.

Remarquez qu'il est défendu aux militaires en tenue de porter seulement une chemise chez la blanchisseuse, un tout petit paquet à la gare pour être expédié aux parents et qu'on ne se gêne pas pour y transformer des soldats, en faire des ordonnances et des déménageurs. En effet, ils portent un tablier et vous les voyez dans les rues porter des paniers et remplir le métier de bonnes d'enfants.

Dans les autres pays on a mis un frein à cet état de choses; ainsi, un général allemand rencontra un jour une ordonnance d'officier qui conduisait une petite fillette à l'école et tenait la serviette de l'enfant sous son bras. Le général prit la serviette qui contenait les livres et renvoya le soldat, l'ordonnance, à la caserne avec mission de dire à son officier que s'il ne voulait pas conduire sa fille lui-même à l'école qu'il prenne une bonne ou un domestique. Je trouve que c'était juste et en France il devrait en être ainsi. Il est certain que les casernes ne sont que des prisons et que les hommes qu'on y fait travailler, comme les prisonniers, sont toujours volés et exploités. J'y suis passé, je puis donc en parler savamment. Avec les privations qu'on leur fait endurer, on obtient du travail pour rien; j'ai vu faire travailler des hommes toute une journée pour une chique de tabac et c'est le contre-maître, l'entrepreneur, qui ont tout le bénéfice.

Delesalle. — Ce n'est pas à nous, délégués ouvriers, de

donner des conseils aux gouvernants sur la manière dont ils devraient traiter les prisonniers. Les conclusions du rapport demandent de remplacer les prisons par des colonies. J'estime que les soi-disant malfaiteurs étant le produit d'une société pourrie, le résultat d'une mauvaise organisation sociale, seule la transformation complète de notre société capitaliste peut amener un changement à l'ordre de choses existant.

Coignard. — Il se passe des choses ignobles, incroyables ; ainsi, il est arrivé que, dans un but de spéculation, un colonel d'infanterie d'une certaine ville de France faisait exécuter du travail par les soldats qu'il avait sous ses ordres. Les particuliers, les civils, fournissaient la matière nécessaire pour le travail et le colonel fournissait la main-d'œuvre. N'est-ce pas révoltant ?

Plusieurs membres. — Les travaux exécutés dans le service militaire devraient être mis en régie, ça amènerait l'obligation de tenir compte des tarifs syndicaux et ça ferait disparaître les abus signalés par les camarades.

Bénézech. — Nous sommes tous d'accord pour réprouver tous ces abus, mais je demande, étant donné que nous avons beaucoup de questions à traiter, que les orateurs soient plus brefs, qu'ils parlent plus succinctement.

Le Rapporteur. — Surtout que dans le rapport nous visons tous les cas ; nous demandons, en effet, que pour le moment on donne aux travailleurs organisés tout le travail à faire et qu'on tâche de l'organiser en service public plus tard.

J'ajoute que dans le rapport il n'est pas dit qu'on devrait envoyer les hommes aux colonies.

Cumora. — Je déclare que le mieux serait de prendre la résolution d'engager les soldats, non pas à déserter, mais à ne pas travailler dans les ateliers militaires.

Le Président. — Plusieurs ordres du jour me sont parvenus. Je vais vous les faire connaître et les mettre aux voix.

Voici le premier :

Le Congrès décide qu'il n'y a pas lieu de donner aux gouvernants des conseils sur le remplacement des prisons par la colonisation, les soi-disant malfaiteurs n'étant que le produit d'une société pourrie.

DELESALLE.

Le Congrès adopte.

Laurent propose la lutte par les moyens possibles pour

arriver à supprimer l'entretien des casernements par l'élément militaire. — Adopté.

Le Président met aux voix la proposition suivante :

Partisan de la suppression des armées permanentes, le Congrès décide en attendant d'encourager les ouvriers à ne pas travailler dans les ateliers militaires.

L. Cumora, Pacotte.

Accepté.

Les conclusions du rapport de la 5ᵐᵉ Commission sont ensuite mises aux voix et adoptées.

La parole est donnée à **Seigné** pour la lecture du rapport de la 6ᵐᵉ Commission.

Rapport sur la VIᵐᵉ Question

JOURNÉE DE HUIT HEURES

La 6ᵐᵉ Commission, après avoir examiné les rapports présentés par : 1° la Fédération des Cuirs et Peaux ; 2° la Fédération des Coupeurs et Brocheurs ; 3° l'Union des Syndicats du département de la Seine, a pensé qu'il n'était pas nécessaire d'élaborer et de rééditer les arguments en faveur de l'application de la journée de huit heures au maximum, qui furent émis dans les précédents Congrès.

Nous devons applaudir le mouvement entrepris par nos frères d'Angleterre pour l'application de la journée de huit heures, mais il ne faut pas croire que, même étendue à la généralité des travailleurs, cette réforme puisse apporter une amélioration profonde dans leur situation économique.

Nous vous reportons donc aux rapports publiés à la suite des précédents Congrès, pour démontrer la nécessité de l'application de la journée de huit heures avec la fixation d'un minimum de salaire, en tenant compte que cette diminution de la durée effective du travail entraînerait ainsi une réduction de la production individuelle, pour arriver à amoindrir le chômage.

Nous n'examinerons que les divers moyens par lesquels nous pouvons l'obtenir :

1° Par le Parlement en créant l'agitation autour de cette question ;

2° Par les Syndicats isolés ou par les Fédérations d'industrie ;

3° Par la Grève générale.

L'obtention de la journée de huit heures au moyen des pouvoirs publics, en raison des précédents qui ont donné de si minimes résultats, ne pourrait se faire que par l'agitation politique, ce qui pourrait devenir funeste pour l'organisation prolétarienne ; l'arme à employer serait le suffrage universel.

Pour la revendication de la journée de huit heures par industries, nous possédons l'action syndicale avec son moyen habituel, la Grève partielle et le Boycottage, lorsque cette arme sera mieux connue et devenue familière.

Nous ne croyons pas qu'il soit pratique d'employer ces moyens pour obtenir la journée de huit heures, car le résultat obtenu ne serait pas une compensation suffisante à l'effort donné par le prolétariat et que la journée de huit heures ne sera une amélioration réelle que lorsqu'elle sera appliquée d'une façon générale.

Il y a ensuite la grève générale qui, admise par les précédents Congrès, nous paraît être le moyen le plus pratique pour l'obtention de la journée de huit heures avec fixation d'un minimum de salaire.

Malgré l'importance de cette réforme, qu'elle soit obtenue par le suffrage universel, par les grèves ou par la révolution, elle ne sera qu'une réforme et, par conséquent, ne sera qu'un palliatif à la situation économique et sociale des travailleurs, car elle laisse debout toutes les autres revendications prolétariennes.

D'ailleurs, la bourgeoisie capitaliste qui nous gouverne et nous exploite n'admettra jamais qu'une réforme sérieuse s'accomplisse. Elle sait trop bien que tous les rouages de l'organisation sociale actuelle reposent les uns sur les autres : accorder une réforme importante serait pour elle la désagrégation du système de concentration de ses pouvoirs. C'est pourquoi elle est conservatrice et ne fera aucune concession ; nous serons donc contraints de la réduire par la force.

Et même en obtenant la transformation de l'état économique résumé par les économistes politiques, nous devons avoir des vues plus larges. Ce n'est pas une simple réforme qu'il faut à la masse prolétarienne, mais une transformation complète qui donne satisfaction à ses justes revendications.

La journée de huit heures, avec un minimun de salaire, doit être sanctionnée en principe, à nouveau, par l'adoption des conclusions de ce rapport par le Congrès. Elle pourra peut-être se résoudre progressivement par les corporations en créant de l'agitation, mais nous croyons qu'il serait néfaste d'entreprendre un mouvement sérieux sur une seule réforme, étant donné que, lorsque le prolétariat sera assez fort pour obtenir cette réforme, il n'y a pas de bonnes raisons pour qu'il ne soit pas assez fort pour obtenir satisfaction sur toutes ses revendications et, lorsque le prolétariat organisé sera assez puissant pour imposer d'une façon générale la journée de huit heures, il le sera également pour accomplir la transformation complète de la société actuelle.

CONCLUSIONS

Nous concluons donc que, tout en laissant aux corporations, lorsqu'elles le jugeront nécessaire, la revendication de la journée de huit heures avec minimum de salaire, l'application générale de la journée de huit heures ne sera effective que lorsqu'elle sera généralisée ; que l'on doit conserver cette réforme au programme des revendications prolétariennes, comme moyen d'agitation ; que l'on ne doit entamer d'action importante que pour l'application intégrale de ce programme, qui est le résumé du droit des travailleurs à leur émancipation complète.

Le moyen le plus sérieux serait donc la grève générale organisée, la Révolution sociale.

Le Rapporteur :

SEIGNÉ,

De l'Union des Syndicats du département
de la Seine.

Les conclusions du rapport de la 6me Commission sont adoptées par le Congrès sans discussion et sans amendements.

RAPPORT DE LA 7me COMMISSION

La parole est au camarade **Danflous** pour la lecture du rapport de la 7me Commission.

Le camarade **Danflous** commence par donner d'abord lecture du vœu suivant, émis le 8 février 1890, au moment de la dicussion sur la révision des traités de commerce :

VŒU

Considérant que le travail étant la base de la fortune nationale, les salariés doivent, au moyen d'une représentation effective nommée par les Chambres syndicales professionnelles, posséder une part de pouvoir consultatif et administratif de la fortune publique égale aux intérêts producteurs et économiques qu'ils possèdent dans la nation ;

Que l'échéance prochaine de nos traités de commerce

impose au pouvoir législatif le devoir de protéger également les intérêts des salariés et ceux des chefs d'industrie ;

Que les salariés ont un immense intérêt à être consultés sur une question dont peut dépendre pour eux un avenir meilleur ou de misère, la quotité des salaires variant toujours suivant que le commerce et l'industrie sont prospères ou en souffrance ;

Considérant que si M. le Ministre du Commerce, en convoquant le Conseil supérieur du commerce et de l'industrie, a cru être suffisamment renseigné sur tous les intérêts à sauvegarder, il n'a pas atteint son but, puisque les salariés ne lui ont pas fait connaître la nature des intérêts qu'ils ont à défendre dans le présent et à faire prévaloir dans l'avenir ;

Que d'autre part, il a envoyé un questionnaire aux Chambres de Commerce, mais que quelques-unes et non des moins importantes ont cru devoir, avant d'y répondre, consulter les Syndicats ouvriers, ce qui constitue un acte par lequel elles reconnaissent d'une façon indiscutable les droits et les intérêts de ces derniers, en même temps que l'intérêt qu'auraient les législateurs à être en contact permanent avec les salariés, par l'intermédiaire de leurs délégués, qui, ainsi, concourraient à la préparation des lois de réforme économique et sociale.

Pour toutes ces considérations, les soussignés, membres des Chambres syndicales de Toulouse, demandent que les salariés aient une représentation effective siégeant à Paris et ayant pour attribution la préparation des lois de réforme économique et sociale et indiquer celles qui sont le plus impérieusement demandées par la masse des travailleurs. Cette représentation n'aurait aucun pouvoir législatif en politique.

En conséquence, ils émettent le vœu qu'il soit créé sans retard une Chambre de Travail dont les membres seront nommés au suffrage universel par les syndiqués, et au scrutin de liste par toutes les corporations syndiquées d'un même département ; ayant ainsi la même origine, ils auront, par conséquent, les mêmes intérêts communs à défendre et à faire prévaloir.

PROJET

Il est créé une Chambre de Travail dont les membres sont nommés au suffrage universel exclusivement par les syndiqués et choisis parmi eux.

Ils sont nommés au scrutin de liste par toutes les corporations syndiquées d'un même département à raison d'un membre par dix Syndicats.

Chaque fraction de cinq Syndicats au-dessus de la dizaine donnera droit à un membre en plus.

Les départements comptant moins de dix Syndicats nomme-
ront un membre.

Ils sont nommés pour deux années.

Ils seront rétribués au moyen de jetons de présence et les
membres des départements, autres que celui de la Seine,
toucheront une indemnité supplémentaire de déplacement.

Leurs travaux se diviseront en deux sessions annuelles
dont la durée ne devra être moindre de sept mois.

Ils n'auront aucun pouvoir politique et législatif.

Ils auront conjointement avec les Députés et Sénateurs
l'initiative des lois économiques et de réforme sociale. Toutefois, leurs attributions se borneront à la préparation de ces
lois.

Ils donneront leur avis sur toutes les questions de tarifs
douaniers, de pénétration ou de transports, sur toutes questions de travaux publics, nationaux ou départementaux, en
un mot sur toutes les questions concernant le travail, le
commerce et l'industrie.

Fait à Toulouse le 8 février 1890 et sanctionné en réunion
plénière des Syndicats Ouvriers de Toulouse.

Ont signé en qualité de délégués à l'Union des Syndicats
Ouvriers de Toulouse :

TÈNE, sculpteur ; FRANCOULA, maçon ; GLEYSES, boulanger ;
COURTOIS, cordonnier ; COULON, chapelier ; LOUBEAU, for-
geron ; DREUILLE, charron ; VALATS, tailleur de pierre ;
LARRÈDE, ouvrier en meubles ; MARC, mouleur en fer ;
FAU, cuisinier ; HEYBRARD, lithographe ; NICOLEAU, peintre
sur porcelaine ; RAYNAUD, typographe ; CHAUMETON, malle-
tier ; DELON, tapissier sur meubles ; PRADELLE, tourneur
sur bois ; RAZEL, mécanicien ; DANFLOUS, sellier ; LAPORTE,
tonnelier ; ROUX, menuisier en fauteuils ; LANDET, billar-
dier ; FOUET, plâtrier ; MAURAT, moulurier en fauteuils ;
ESPITALIER, peintre en voitures ; CORBIÈRE, emballeur ;
BARRAU, cordonnier.

Pour copie conforme :

Le Secrétaire,

VALATS.

Danflous dit qu'il est bon, après la lecture de ce document,
de soumettre au Congrès les considérations faites par la
Bourse du Travail de Paris :

Comme vous pouvez vous en rendre compte, citoyens, et
ainsi que nous le disons plus haut, l'importance d'un tel
projet, quelle que soit l'apparence pacifique qu'il présente à
première vue, ne peut et ne doit échapper aux travailleurs

véritablement soucieux de la défense de leurs intérêts, et qui, voulant pour un instant tenter l'expérience de sortir du domaine de l'application des théories que la situation actuelle semble devoir retarder indéfiniment, se livrent avec patience et énergie tout à la fois, à la recherche de moyens pratiques pouvant avoir leur réalisation immédiate et leur permettant de donner momentanément une solution assez favorable à leurs légitimes revendications.

En effet, si nous envisageons pour un instant l'hypothèse, — malheusement improbable, — où le projet conçu par l'Union des Syndicats de Toulouse recevrait l'approbation du Parlement, et que le Gouvernement, mis en demeure par ce dernier d'avoir à exécuter sa volonté sur ce point, se déciderait à répondre aux vues de nos amis de Toulouse en créant cette Chambre du Travail réclamée avec tant d'insistance par eux, on reste tout étonné en songeant aux prodigieux résultats qu'aurait pour les travailleurs une pareille création, dont l'utilité serait incontestable, même pour nos gouvernants, qui pourraient puiser auprès d'elle tous les renseignements et indications qui leur seraient indispensables, s'ils avaient vraiment à cœur de faire une bonne législation ouvrière, surtout aux approches de l'expiration de nos traités de commerce, où le Gouvernement a le devoir de protéger l'intérêt des salariés et de l'industrie.

Certes, le projet primitif de Mesureur, s'il avait été adopté, ferait bien piètre figure à côté de cette vaste conception.

Le contre-projet, rédigé et voté par la Bourse du Travail de Paris elle-même, ne présente pas, à beaucoup près, des vues aussi larges, et ne saurait être aussi fécond en conséquences avantageuses pour le prolétariat que celui-ci.

Nous ne citerons que pour mémoire la vaste fumisterie qui a pour titre : Commission supérieure du Travail, et qui n'est qu'une triste comédie jouée par le Gouvernement, destinée à leurrer le travailleur assez crédule pour croire encore aux bonnes intentions de celui-ci pour apporter des réformes sur l'organisation defectueuse du travail.

Nous sommes convaincus que la création d'une telle Chambre pourrait, si les membres qui la composaient, — et le moyen préconisé pour leur nomination est déjà une sérieuse garantie, — s'inspiraient bien de la mission qu'ils auraient à remplir, jouer un rôle décisif sur tout ce qui touche nos revendications.

Tout d'abord, ses membres, exclusivement ouvriers et ne se trouvant pas placés sous l'influence morale et effective des pires ennemis du prolétariat, comme cela se passe au Conseil supérieur du Travail et, de plus, recevant les ordres directs des syndicats qui les auraient appelés à l'honneur de le représenter, possèderaient toutes facultés pour se livrer à l'étude et à la discussion approfondie de toutes les questions qui leur paraîtraient les plus susceptibles d'apporter une amélioration au malheureux sort de tous les exploités.

Ensuite, si le Gouvernement, refusant d'écouter la voix de cette Chambre de Travail, passait outre les projets et délibérations qui lui seraient présentés par celle-ci et n'en tenait aucun compte, nous avons la ferme conviction que les élus des Chambres syndicales sauraient être à la hauteur de leur tâche pour remplir le mandat qu'ils tiendraient de leurs camarades de misère; et que, ne pouvant se faire écouter en haut lieu, ils feraient alors appel à leurs mandants, afin que ceux-ci prennent, conjointement avec eux, toutes les mesures qu'ils jugeraient indispensables pour exercer une pression décisive sur le Gouvernement.

Le projet de l'Union des Syndicats de Toulouse dit bien, il est vrai, qu'ils n'auront aucun pouvoir politique et législatif et que leurs attributions se borneront à la préparation des lois économiques et sociales; nous comprenons fort bien le mobile auquel ils ont obéi en donnant cette formule modeste à leur projet. Mais tel n'est pas le but qu'ils visent, et, d'ailleurs, qui pourrait répondre des évènements qui s'ensuivraient?

Prévoyait-on le rôle qui serait joué plus tard par le Tiers-Etat lors de son entrée sur la scène où la noblesse et le clergé régnaient en maîtres et exerçaient un pouvoir aussi grand qu'incontesté? Et cependant, malgré leur faiblesse apparente, combien ces hommes ont-ils su se montrer fermes, inébranlables, luttant sans trève ni merci contre ceux qui étaient ligués, sous l'égide de la monarchie, pour maintenir le peuple dans l'esclavage et finalement contribuer puissamment à renverser un état de choses aussi exécré que celui qui existait pour en établir un nouveau qui, pour se trouver loin d'être parfait, n'en donna pas moins au monde entier le signal pour la marche en avant à la conquête de la liberté.

Eh bien! nous croyons, pour notre part, que si cette Chambre de Travail était créée, son rôle ne serait pas moins fécond en résultats, et nous sommes certains que, quelque entrave que l'on pût lui opposer, elle ne faillirait pas à la mission qui lui aurait été confiée, sûre qu'elle serait appuyée par la masse qui souffre et ne vit que de privations causées par la rapacité de ceux qui l'exploitent sans pitié.

Certes, citoyens, nous ne nous leurrons pas un seul instant sur le résultat qu'aura ce projet. Nous savons parfaitement qu'il sera rejeté avec le plus grand empressement par nos dirigeants, qui n'en tiendront aucun compte, car ils songent bien à autre chose qu'à donner satisfaction aux revendications du prolétariat. Mais est-ce une raison suffisante pour ne pas le présenter? Devons-nous, parce que nous doutons de la réussite de nos efforts, nous lasser de faire entendre nos revendications?

Nous ne le croyons pas. Nous pensons, au contraire, que nous ne devons pas laisser un seul instant de répit à nos dirigeants; que nous devons sans cesse les harceler et réclamer nos droits jusqu'à ce qu'ils daignent nous écouter bon gré malgré.

Puis, s'ils ne veulent rien entendre, mener une campagne aussi active que possible auprès des ouvriers, par tous les moyens de propagande en notre pouvoir; leur démontrer, preuves en main, sans jamais nous décourager, — quelque ingrate et écœurante que soit cette tâche, — les idées rétrogrades et diamétralement opposées aux leurs des gens qu'ils nomment pour les représenter, et les engager de toutes nos forces à se servir de tous les moyens en leur pouvoir pour renverser et secouer le joug sous lequel ils se courbent depuis si longtemps sans récriminations.

C'est à ces motifs, citoyens, que la 1re Commission obéit en vous demandant non-seulement de prendre en considération le projet de l'Union des Syndicats de Toulouse, mais encore de l'appuyer avec toute l'énergie dont vous êtes susceptibles auprès des pouvoirs constitués.

Danflous procède à la lecture du rapport de la 7me Commission :

L'idée maîtresse qui a présidé à la conception de la demande de la création d'une Chambre du Travail, vous la ressentez tous, c'est celle constatant que les travailleurs, seuls producteurs de la richesse nationale, n'étaient jamais consultés dans la marche à donner, à ce que nous appellerons l'impulsion du progrès. Constatation pénible, mais exacte, le progrès, au lieu de servir les intérêts généraux de la Nation, ne sert qu'à favoriser une classe d'individus se réduisant de plus en plus, tandis que la masse des déshérités, s'augmentant en raison de la diminution des privilégiés, subit — oh! anomalie! — le contre-coup de ce progrès qui lui est propre, et, au lieu de servir à son amélioration, l'enserre de plus en plus, le réduit à l'état d'esclave et l'on peut hardiment dire que plus la fortune sociale d'une nation augmente plus l'état social de la classe des travailleurs diminue et par conséquent plus sa misère augmente. Il n'en serait pas de même, nous le croyons, s'il existait une Chambre du Travail composée comme nous l'indiquerons, parce qu'alors non-seulement les travailleurs seraient consultés, mais auraient encore, par cette Chambre, l'initiative des lois qui les intéressent.

Les exemples abondent, et pour n'en citer que quelques-uns, ne croyez-vous pas que la journée de huit heures, une des réformes sociales qui s'impose pour diminuer la réserve de l'armée des sans-travail, réserve qui est une conséquence du progrès de la machine dont l'Etat capitaliste se sert pour augmenter ses dividendes, ne pensez-vous pas qu'une Chambre du Travail ne pourrait pas l'imposer et par cette réforme diminuer le nombre de ceux qui souffrent de ce progrès! Citerais-je encore l'extension de la prud'homie, des conseils d'arbitrage permanents — de réforme de la loi de 1892 sur le travail des enfants et des femmes — du contrat de louage, de la loi sur les accidents, j'en passe, et non des moindres qui, toutes, ont trait à l'amélioration de la classe des travailleurs. Toutes ces lois de réformes sociales dorment dans les cartons de nos assemblées législatives; je ne vous apprendrai rien en vous disant que nos législateurs ont intérêt à ce qu'elles dorment parce que toutes ces lois sont en opposition constante à l'état social actuel. Comme dernier exemple, je prends la question du pain cher. Ah! certes, les réunions de protestation, les ordres du jour clôturant ces réunions, qui traduisent l'expression des revendications portées à ces réunions, nous pouvons le constater, ont arrêté le mouvement de hausse; mais ne croyez-vous pas qu'une Chambre directement intéressée n'aurait pas prévu ce cas? Elle aurait ordonné à l'Etat d'être le grenier de réserve et aurait ainsi évité que certains individus commissent le crime de lèse-humanité, s'enrichissant, augmentant leurs fortunes des pleurs de milliers d'êtres qui, cependant, sont les principaux facteurs de cette fortune sociale. Ah! peut-on comprendre cet anachronisme, que la misère est la mère de la fortune! Cependant, cela est, c'est un non-sens, c'est une monstruosité du progrès; il faut que cette monstruosité disparaisse. Pour que sa disparition puisse s'accomplir, il faut que les travailleurs ne soient plus considérés comme quantité négligeable, il faut que leur voix puisse se faire entendre, qu'au besoin elle soit la foudre, brisant tout ce qui résiste à la marche d'une société de justice sociale; nous estimons donc, qu'une Chambre du Travail doit être pour les travailleurs l'instrument légal qui les conduira à leur émancipation.

Je viens de vous lire le vœu émis le 8 février 1890 par la Bourse du Travail de Toulouse, demandant la création d'une Chambre du Travail; les considérants qui forment l'introduction à ce vœu, vous avez dû le constater, sont, si je puis ainsi m'exprimer, la quintessence des revendications du prolétariat.

En effet, tous les *desiderata* formulés par les Congrès ouvriers peuvent se résumer dans cette grandiose conception : une Chambre du Travail, et le rapport magistral fait par le citoyen Thiébault, de la Bourse du Travail de Paris, est bien l'expression exacte de la pensée intime de la Bourse du Travail de Toulouse, en donnant à cette Chambre le caractère de la propriété exclusive de l'élément travailleur, la mettant sous sa garantie, la défendant au besoin, si un acte arbitraire gouvernemental essayait de la briser, lui permettant, par tous les moyens, de défendre sa propriété.

Je m'aperçois que je parle comme d'un fait réalisé; que cet appel à la résistance pourrait être taxé de Don Quichottisme. Cependant, la Commission, par son unanimité à reconnaitre que cette Chambre du Travail était si nécessaire, nous a convaincus que si le Congrès prenait en non-considération ce projet de création, mais bien se pénétrait fermement de cette idée d'aboutir à sa réalisation, je dis que nous pourrions considérer, comme un fait accompli, ce *desiderata*; que la résistance que je vous indiquais serait toute naturelle. Qui donc peut résister à cette force naturelle de nos besoins?...

La Bourse du Travail de Toulouse, en demandant la création d'une Chambre du Travail, demande comme conséquence la suppression du Conseil supérieur du Travail.

Vous vous souvenez que cette institution date de 1891; vous devez surtout vous souvenir du tolle de protestation des Bourses du Travail de France et de toutes les Organisations ouvrières contre sa composition, plus énergiquement contre le mode de nomination. Qui ne se rappelle les véhémentes protestations dirigées sur ceux que nous croyions nous appartenir, les camarades ouvriers qui acceptèrent d'en faire partie, non que leurs capacités soit techniques ou individuelles en fussent amoindries, mais par raison même de ces facultés supérieures ils n'auraient jamais dû accepter d'être, au Conseil supérieur du Travail, au même titre que les Léon Say, Jules Simon, Baïhaut, etc. Que ceux-ci aient voulu ajouter aux nombreux titres de directeur, administrateur, député ou sénateur, celui de membre du Conseil supérieur du Travail, cela, nous le savons, fait partie intégrante de l'État-Bourgeois cherchant à se déifier pour essayer de mettre entre lui et nous cette barrière qu'il croit infranchissable; mais que l'un de nous croie qu'il y a de l'honneur pour lui d'en faire partie, et que comme le Bourgeois, cet honneur l'élève au-dessus de ses camarades d'atelier, il se trompe; il devient au contraire méprisable, parce que pour nous il n'y a de véritable honneur que celui d'être par nous choisis. Voilà les considérations générales motivées de la Bourse du Travail de Toulouse pour la suppression du Conseil supérieur du Travail.

La 7me Commission, à l'unanimité, a voté la création d'une Chambre du Travail, mais à la majorité a voté contre la suppression du Conseil supérieur du Travail.

La majorité de la Commission estime qu'à côté de la Chambre du Travail, le Conseil supérieur du Travail peut exister, à condition qu'aucun élément ouvrier ne puisse en faire partie. Dans son esprit, elle croit que la Chambre du Travail, composée de travailleurs industriels et agricoles, doit ou peut fonctionner à côté d'une Chambre de Travail composée d'éléments patronaux, ce qui l'a conduite forcément à rejeter la proposition des Cuisiniers de Paris et Pâtissiers de la Seine qui demandent que la composition du Conseil supérieur du Travail soit déterminée ainsi que suit : dix membres laissés au choix du Ministre du commerce pris parmi les députés et sénateurs ; trente-cinq désignés par les industriels et commerçants, divisés par fractions industrielles ; trente-cinq parmi les ouvriers désignés par eux à l'élection et fractionnés suivant le mode des listes dressées pour les électeurs des Prud'hommes, ce qui porterait à quatre-vingts les membres dont devrait se composer le Conseil supérieur du Travail. A l'unanimité, cette proposition a été rejetée.

Une proposition de la Fédération des Chambres syndicales des Coupeurs-Brocheurs en chaussures de France a été également soumise à l'examen de la 7me Commission. Cette proposition consiste à ce que son recrutement soit pris exclusivement dans les Syndicats et Groupes corporatifs ouvriers réunis, organisés par la Confédération générale du Travail ; cette proposition, tout en étant prise en considération, n'a pu être retenue parce qu'elle ne tient compte que d'une partie des travailleurs, laissant ou oubliant les travailleurs agricoles.

La 7me Commission vous propose la création d'une Chambre du Travail, composée exclusivement de travailleurs industriels et agricoles, nommée par ces derniers au suffrage selon le mode appliqué pour les élections des Conseillers prud'hommes ouvriers, c'est-à-dire par catégorie.

Cette Chambre devra être consultée sur toutes les questions intéressant le monde du travail, être réunie en même temps que le Conseil supérieur du Travail ; elle devra avoir pour attribution spéciale l'étude de toutes les lois économiques et sociales avant que ces dernières ne soient portées et mises en discussion au Parlement.

La 7me Commission estime également, comme l'indique le projet dont lecture vient de vous être donnée, qu'il y a lieu d'ajouter à ses attributions l'initiative des lois économiques et de réformes sociales. Elle devra être consultée et donner son avis sur toutes les questions de travaux publics, nationaux ou départementaux, en un mot, sur toutes les questions concernant le travail, le commerce et l'industrie.

La 7me Commission croit devoir réserver aux deux Comités, celui de la Fédération des Bourses du Travail de France et des Colonies et celui de la Confédération générale du Travail, qui sont la véritable expression du monde des Travailleurs français, la préparation d'un règlement constitutif régissant le fonctionnement de la Chambre du Travail. Ce règlement devra être fait le plus

promptement possible, pour que la proposition de création de la
Chambre du Travail puisse être imposée par les Travailleurs
comme article de réforme dans le programme des candidats aux
élections législatives de 1898.

Le Rapporteur, DANFLOUS.

Besson. — Nous avons fait une proposition tendant à faire
décider que le soin de l'élection de la Chambre du Travail
soit laissée aux Organisations syndiquées. La Commission a
cru devoir respecter cette proposition. Aucune distinction ne
doit être faite entre les travailleurs ; les travailleurs agricoles
non plus ne doivent pas être rejetés de la Confédération.

Briat. — Puisque nous parlons de Chambres du Travail, je
tiens à faire connaître qu'il existe à Paris une ligue pour
protéger l'enfant. La cotisation est de 3 francs par an. Une
carte est remise à chaque membre, et voici en quoi elle est
utile :

— S'il vous arrive de vous trouver en face d'un enfant qui
a été chargé par son patron de porter un poids trop lourd,
vous n'avez qu'à appeler le premier agent de police venu, et
après avoir procédé à la vérification du poids de la charge, si
le poids du fardeau dépasse celui indiqué sur la carte, et qui
n'est que la reproduction d'un article de la loi du 2 novembre 1892, — le fardeau est saisi et porté à l'adresse du desti-
nataire par un commissionnaire. Le patron de l'enfant est
obligé de payer le commissionnaire, et un procès-verbal lui
est dressé.

Tous les travailleurs devraient entrer dans cette ligue et,
pour que nous prenions la tête du mouvement, je vous invite
à adopter la proposition suivante :

Sur la proposition des ouvriers en Instruments de Précision et
des parties similaires, des Coupeurs-Chemisiers et des Travailleurs
du Gaz, considérant que les Inspecteurs du travail ne font rien
pour l'application de la loi du 2 novembre 1892, le Congrès engage
tous les syndiqués et les Organisations ouvrières à faire partie de
la ligue protectrice des jeunes travailleurs.

E. BRIAL, GALANTUS.

Cette proposition est adoptée.

Plusieurs membres du Congrès estiment que la Chambre
du Travail ne doit pas s'occuper de politique, là n'est pas son
rôle.

Ce serait un second Parlement dont la nécessité ne se fait

nullement sentir; sa constitution n'aurait pour résultat que de mystifier la classe ouvrière.

Delesalle fait ressortir que sans avoir une Chambre du travail, on est arrivé facilement en Angleterre à obtenir la journée de huit heures.

Briat ajoute que dans une séance sérieuse à laquelle assistaient plusieurs députés lorsqu'il s'est agi de remanier la loi concernant l'organisation du Conseil des prud'hommes, après plusieurs séances on a vu qu'à la Chambre, lorsque les débats sur cette question ont été terminés, il n'avait été rien dit de ce qui avait été dit et décidé dans les réunions préparatoires que nous avions organisées.

Il faut avant tout, pour réussir, s'unir, se concentrer.

Pouget et **Cumora** demandent la mise aux voix d'une proposition ainsi conçue :

Considérant que le projet de *Chambre du Travail* ne pourrait, s'il arrivait à réalisation, que faire rentrer les Syndicats ouvriers sur le terrain politique d'où ils ont eu tant de peine à sortir,

Considérant que la politique a fait trop de mal aux travailleurs pour qu'ils s'engagent à nouveau sur ce terrain, le Congrès refuse de s'occuper de la création de ladite Chambre du Travail.

E. POUGET, CUMORA.

Cette proposition est repoussée.

Autre proposition :

Considérant que les lois ouvrières élaborées par nos gouvernements n'ont apporté aucune solution pour l'amélioration de la classe ouvrière, le Congrès s'engage à prendre en mains la direction de ces intérêts sans passer par les questions politiques qui jusqu'à ce jour divisent la classe prolétarienne.

THIERRARD.

Proposition adoptée.

Proposition :

La Chambre du Travail sera composée d'un membre par département, élu par toutes les Chambres syndicales et corporations organisées; son organisation sera réglée par la Confédération du Travail, qui adressera dans les trois mois qui suivront le Congrès un *referendum* invitant les Organisations à se prononcer sur ce point.

A. NEYRON.

Repoussée.

Le Président met aux voix la proposition suivante :

Je demande, au nom de la Fédération syndicale des Travailleurs du Finistère, la création de prud'hommes spéciaux pour les ouvriers des arsenaux, de façon que les punitions, telles que prison, retenue de salaire, ne soient pas soumises à l'arbitraire des chefs.

CHIRON.

Adoptée.

Pacotte. — Le Congrès, jusqu'à ce jour, a affirmé par ses votes et ses décisions qu'il voulait, plus que jamais, exclure la politique de nos Organisations syndicales ; il doit donc repousser toute proposition qui l'obligerait à en faire, ainsi qu'à créer des ambitions qui ne peuvent que nous diviser.

Si nous voulons une Chambre du Travail en remplacement du Conseil supérieur du Travail, nous n'avons qu'à nous en tenir aux décisions prises antérieurement à ce Congrès et déclarer que la Confédération du Travail telle que nous l'avons conçue ici sera cette Chambre du Travail, puisqu'elle représente le prolétariat dans son ensemble.

De cette façon, nous n'aurons pas à avoir recours à tel ou tel ministre en fonctions pour la constitution de cette Chambre du Travail, qui ne pourrait être composée qu'en partie de travailleurs et n'aurait que le nom de changé, c'est pourquoi, au nom des camarades **Cumora, Guérard** et en mon nom, nous déposons la proposition suivante :

Du fait même de l'organisation de la Confédération du Travail, le Congrès décide que la Confédération est toute désignée pour se constituer en Chambre du Travail, de sorte que cette institution resterait sur le terrain économique.

A la demande de **Pinel**, cette proposition est adoptée avec l'adjonction suivante :

Et les camarades seront élus dans les Congrès annuels.

Adoptée.

Les conclusions du rapport de la Commission sont repoussées.

La parole est donnée à **Claverie** pour le rapport de la Commission sur la *Création de Comités permanents de conciliation pour chaque industrie.*

RAPPORT

SUR LES

COMITÉS PERMANENTS DE CONCILIATION

A instruire dans chaque Industrie

CONSIDÉRATIONS GÉNÉRALES

Pour se bien rendre compte du but que se proposent d'atteindre les auteurs de la présente proposition, il est utile de préciser la nature des rapports que la législation actuelle établit entre patrons et salariés.

La loi de 1884 sur les syndicats permet aux Travailleurs de se concerter pour la défense de leurs intérêts professionnels. Mais ces syndicats ne sont qu'un organisme unilatéral, sans pénétration aucune dans la sphère d'action patronale. Rien n'oblige les patrons même à écouter les doléances de leur personnel. Il leur arrive, le plus souvent, d'affecter le plus superbe dédain envers les réclamations ou revendications qui leur sont soumises et d'ériger en système le régime du bon plaisir.

Ainsi, les Travailleurs, s'ils veulent se faire rendre justice, se trouvent acculés à la presse, la seule arme qui leur reste.

Frappé de ce fait, le Parlement a essayé, il est vrai, d'un palliatif en votant la loi du 27 décembre 1892 sur l'arbitrage. Malheureusement, facultative dans son application et dépourvue de toute sanction, cette loi demeure lettre-morte. Il résulte des statistiques officielles que si les ouvriers s'y soumettent presque sans exception, les patrons s'y dérobent avec un entrain remarquable. Mais fut-elle même revêtue d'un caractère d'obligation qu'il ne faudrait pas hésiter à la dénoncer encore comme incapable de répondre à tous les besoins et d'apporter une solution à tous les différends patronaux et ouvriers.

Elle a le tort considérable tout d'abord de ne pouvoir fonctionner qu'au cas de conflits aigus ou tout au moins d'une certaine gravité quand les esprits déjà sont surchauffés.

Or, la vie d'atelier, d'usine ou de magasin est faite d'une infinité de détails minuscules qui ne sauraient nécessiter, le plus souvent, pour leur juste règlementation, la mise en mouvement d'un appareil judiciaire important; en sorte que ces détails, en l'absence d'un tribunal familier entre gens de même esprit et de même profession, se trouvent livrés à l'arbitraire patronal. Il en est ainsi pour l'élaboration des règlements d'ateliers, pour les questions d'hygiène, d'embauchage ou de débauchage, d'amendes, mise à pied, etc.

On est fondé à dire, après ce rapide exposé, que la condition des ouvriers est sans garanties légales efficaces, que rien n'a été tenté sérieusement pour éviter les conflits violents entre patrons et ouvriers. C'est l'état de guerre en permanence alors qu'une société bien organisée devrait tout mettre en œuvre pour la solution pacifique des intérêts en lutte.

Il y a donc dans la législation ouvrière présente une grave lacune qu'il importe de combler au plus tôt. Dans chacune des corporations d'une même ville et même dans chaque établissement industriel occupant plus de cinquante ouvriers, s'il existait une sorte de Comité composé d'un égal nombre de patrons et d'ouvriers ayant capacité légale d'examiner les différends qui naissent des mille incidents journaliers, combien de difficultés seraient apaisées, des malentendus dissipés, d'injustices écartées! Des heurts pourraient se produire au débat, des froissements d'amour-propre, mais, peu à peu, grâce à ce contact fréquent, les angles s'adouciraient; on se ferait une raison selon une expression populaire si coloriée.

Et si, sur une question, les membres de ces Comités de conciliation ne parvenaient point à s'entendre, le différend devrait être naturellement soumis à un Comité d'arbitrage permanent composé des mêmes éléments et dont les sentences seraient obligatoires pour les parties. Cette manière de procéder est dans l'ordre logique : essai de conciliation à la base; puis arbitrage et sentence par des juges compétents et qualifiés. Il n'est aucune raison de ne pas introduire dans les différends d'ordre technique et professionnel des procédés en usage dans les procès privés.

Nous savons bien que les tendances du Parlement actuel seraient plutôt favorables à la disparition des juridictions spéciales pour augmenter l'importance des tribunaux ordinaires, nous savons bien aussi qu'on nous reprochera de vouloir ressusciter les formes juridiques des anciennes corporations. Mais nous estimons que l'organisme social doit être divers et multiple comme les manifestations de la vie sociale elle-même et s'adopte à elles pleinement. Ce qu'il faut avant tout aux Travailleurs c'est une justice familière, rapide, peu coûteuse et compétente. L'instauration de Comités permanents, de conciliation et d'arbitrage nous apparaissent comme devant remplir ce but.

L'expérience en a été faite, en est faite chaque jour en France et surtout en Belgique; les faits plaident pour notre cause. Nous ne nous attarderons pas néanmoins à écrire à nouveau l'historique de la question. Le compte rendu des travaux du Congrès de Tours contient à ce sujet tous les documents essentiels. Aussi, persuadée que le Congrès est suffisamment éclairé, la 7me Commission a l'honneur de lui soumettre les projets de résolution suivants :

PROPOSITION

Il sera établi un Comité permanent de conciliation.

1° Dans chaque industrie, exploitation ou maison de commerce comprenant un personnel d'au moins cinquante ouvriers ou employés;

2° Dans chaque catégorie de métier, d'une ou plusieurs communes voisines, lorsque ce chiffre de cinquante ne sera pas atteint.

Ce Comité, composé d'un égal nombre de patrons et salariés, sera élu pour un an, au scrutin de liste, les patrons par leurs pairs ou par les actionnaires, les ouvriers par leurs camarades de travail. Les membres seront rééligibles.

Il se réunira à jour fixe au moins une fois par mois.

Il aura pour but d'étudier et de concilier, s'il est possible, tous les différends d'ordre privé ou collectif intéressant les conditions du travail.

La constitution et les règlements du Comité seront déposés au greffe de la justice de paix.

2me PROPOSITION

Il sera établi par commune ou région un Comité d'arbitrages pour chaque catégorie d'industrie. Le Comité, composé d'un égal nombre de patrons et d'ouvriers, sera élu pour un an, au scrutin de liste, les patrons par leurs pairs ou par les actionnaires, les ouvriers par leurs camarades. Les membres en seront rééligibles.

Il a pour but d'étudier et d'arbitrer sans appel tous les différends d'ordre privé ou collectif intéressant les conditions du travail.

Il devra siéger au moins une fois par mois.

La constitution et les règlements du Comité seront déposés au greffe de la justice de paix.

Neyron demande la mise aux voix de la proposition suivante :

Les Bourses du Travail de Saint-Etienne et de Saint-Chamond proposent l'extension des attributions des conseils de Prud'hommes, relèvement de leurs compétences, leurs jugements rendus en dernier ressort et sans appel, la conciliation et l'arbitrage confiés à leur juridiction.

A. NEYRON.

Adoptée.

Les conclusions du rapport sont également adoptées.

Delessalle, rapporteur de la 8ᵐᵉ Commission, a la parole et donne lecture du rapport suivant sur le boycottage :

RAPPORT DE LA COMMISSION DU BOYCOTTAGE

CAMARADES,

Le boycottage n'est autre chose que la systématisation de ce que nous appelons en France la *mise à l'index*.

Si le mot boycottage tend à s'introduire chez nous c'est qu'il apporte avec lui une idée plus révolutionnaire que celle attribuée jusqu'ici au mot *mise à l'index*.

Le boycottage, en effet, est d'origine et d'essence révolutionnaires. Ses origines sont connues : En Irlande, le régisseur des énormes domaines de lord Erne, dans le comté de Mayo, le capitaine Boycott, s'était tellement rendu antipathique par des mesures de rigueur envers les paysans que ceux-ci le mirent à l'index : lors de la moisson de 1879, Boycott ne put trouver un seul ouvrier pour enlever et rentrer ses récoltes; partout, en outre, on lui refusa les moindres services, tous s'éloignèrent de lui comme d'un pestiféré.

Le gouvernement, émotionné, intervint, envoya des ouvriers protégés par la troupe, mais il était trop tard : les récoltes avaient pourri sur pied.

Boycott, vaincu, ruiné, se réfugia en Amérique. Ces jours derniers on a annoncé sa mort.

Le boycottage, commencé contre Boycott, se continua en Irlande.

D'Irlande il passa en Angleterre et se répandit bientôt sur le continent.

Rappeler quelques exemples de boycottage n'est pas inutile :

A Berlin, en 1894, sous la pression gouvernementale, les brasseurs refusaient leurs salles de réunions aux socialistes. Les brasseurs furent boycottés et ils le furent si rigoureusement qu'au bout de quelques mois ils étaient obligés de se soumettre et de rouvrir leurs salles de réunions aux socialistes.

A Berlin, encore, la Compagnie des chemins de fer circulaires, s'étant rendu compte que le public fermait lui-même les portières, décida un jour la suppression des 200 ouvriers fermeurs de portières qu'elle avait employé jusque là.

Aussitôt les socialistes intervinrent : par leur activité ils arrivèrent, en une huitaine, à convaincre le public qu'il fallait laisser les portières ouvertes.

Si bien que, grâce à ce boycottage d'un genre spécial, la Compagnie se vit obligée de reprendre le personnel qu'elle avait remercié.

A Londres, en 1893, les employés de magasins exigèrent de

leurs patrons la fermeture des magasins une après-midi par semaine, pour compenser l'après-midi du samedi pendant laquelle ils travaillent, tandis que les ouvriers chôment.

C'est par le boycottage qu'ils forcèrent la main aux patrons : les magasins qui refusaient d'obtempérer aux désirs de leurs employés furent mis à l'index.

Et les employés londonniens ne s'en tinrent pas là. On nous présente souvent les travailleurs anglais comme étant très peu révolutionnaires, — c'est là une appréciation inexacte. Ainsi, dans cette campagne de boycottage, les employés usèrent des procédés révolutionnaires, tels que bris de matériel, prises d'assaut de magasins, etc.

Un jour, entre autres, les boycotteurs entrèrent dans un magasin de jambons, attrapèrent les victuailles et les jetèrent à la rue. Et ce fait ne fut pas isolé; bien d'autres actes de ce genre seraient à citer. Et c'est parce que les boycotteurs furent audacieux et énergiques que la victoire leur resta; depuis cette époque, une fois par semaine, entre 3 et 5 heures de l'après-midi les magasins de nouveautés et autres ferment leur portes.

Si nous nous transportons en France, nous trouvons quelques cas de boycottage, trop rares et malheureusement pas assez pris en considération par le public.

On se rappelle la mise à l'index, par le Syndicat de la Typographie, des journaux parisiens le *Rappel* et le *XIXᵉ Siècle*.

Pourquoi ce boycottage n'a-t-il pas abouti ? Parce que le public et la grande masse des travailleurs conscients sont restés indifférents. Un moyen pratique eut été que les lecteurs fissent comprendre aux marchands de journaux qu'ils ne devaient pas vendre ces deux quotidiens. Et si les marchands de journaux refusaient, — se fournir ailleurs.

L'a-t-on fait ?

Nous ne le croyons pas.

Au Mans, la Bourse du Travail mit dernièrement à l'index un commerçant voisin dont les agissements étaient contraires aux intérêts des travailleurs et le boycottage fut — exemple trop rare — si énergiquement appliqué que ledit commerçant dut transporter son commerce plus loin.

Mais pour ce cas de boycottage victorieux, combien d'autres restent inefficaces !

Ainsi, combien y a-t-il d'établissements où se réunissent et se fournissent de vins et de liqueurs nos camarades ; où, par conséquent, il leur serait facile d'obtenir du commerçant de n'avoir ses liquides que dans des bouteilles de la Verrerie Ouvrière et où, pourtant, cela n'a pas lieu ?

Ici encore le boycottage des établissements qui refuseraient de se fournir à la Verrerie Ouvrière serait d'une efficacité certaine.

Pourquoi n'agit-on pas ?

Nous pourrions citer grand nombre d'autres exemples, mais pour ne pas surcharger notre rapport, nous nous en tenons là ; d'ailleurs, chacun peut facilement trouver des applications de ce que nous disons autour de lui, dans la vie, au jour le jour.

Jusqu'ici, les travailleurs se sont affirmés révolutionnaires ; mais, la plupart du temps, ils sont restés sur le terrain théorique : ils ont travaillé à l'extension des idées d'émancipation, ont élaboré et tâché d'esquisser un plan de société future d'où l'exploitation humaine sera éliminée.

Seulement, pourquoi, à côté de cette œuvre éducatrice, dont la nécessité n'est pas contestable, n'a-t-on rien tenté pour résister aux empiètements capitalistes et, autant que faire se peut, rendre moins dures aux travailleurs les exigences patronales ?

Dans nos réunions on lève toujours les séances aux cris de *Vive la Révolution sociale,* et loin de se concréter en un acte quelconque ces clameurs s'envolent en bruit.

De même, il est regrettable que les Congrès, affirmant toujours leur fermeté révolutionnaire, n'aient pas encore préconisé de résolutions pratiques pour sortir du terrain des mots et entrer dans celui de l'action.

En fait d'armes d'allures révolutionnaires on n'a jusqu'ici préconisé que la grève et c'est d'elle dont on a usé et dont on use journellement.

Outre la grève, nous pensons qu'il y a d'autres moyens à employer qui peuvent, dans certaine mesure, tenir les capitalistes en échec.

Le boycottage dont nous venons de vous expliquer l'origine et dont nous avons cité des exemples nous semble être l'arme pouvant, dans bien des circonstances, donner, au profit des travailleurs, une solution aux conflits existant entre ceux-ci et les capitalistes.

La Commission vous demande donc de prendre en considération les propositions qu'elle vous soumet. Elle est convaincue, qu'après mûre réflexion, vous pratiquerez le boycottage chaque fois que vous en trouverez l'occasion, et elle est convaincue aussi que, s'il est mis en vigueur avec énergie, les résultats qu'en retirera la classe prolétarienne vous encourageront à persévérer dans cette voie.

Nous avons examiné de quelle façon peut se pratiquer le boycottage :

Qui pouvons-nous boycotter ?

Est-ce l'industriel, le fabricant ?

Contre lui, le boycottage reste inégal ; ses capitaux le mettent à l'abri de nos tentatives. L'industriel n'a que de rares rapports avec le public ; pour la diffusion de ses produits il s'adresse aux commerçants qui, dans la plupart des cas, sont des conservateurs de la société actuelle. Le contrôle sur l'origine de leurs produits est difficultueux, car très peu d'industriels marquent leurs produits — comme le fait la Verrerie Ouvrière, qui, par ce seul fait, nous rend le boycottage facile.

Donc, laissons pour l'instant l'industriel de côté — nous réservant de dire tout à l'heure par quels moyens nous pouvons directement l'atteindre.

Parlons du commerçant avec lequel nous sommes directement en contact et que nous pouvons directement boycotter.

Il y a quelques semaines, à Toulouse, une petite tentative de boycottage a été faite contre les magasins qui refusaient de fermer le dimanche : par affiches, les camarades toulousains engageaient le public à ne rien acheter le dimanche.

Ce que les employés toulousains ont fait en petit, nous vous invitons à le faire en grand : que chaque fois que besoin sera, quand le commerçant voudra réduire les salaires, augmenter les heures de travail, ou quand le travailleur, désireux d'être moins tenu, de gagner plus, imposera ses conditions au patron commerçant; qu'alors, avec toute l'activité dont nous pouvons disposer, son magasin soit mis à l'index; que, par voie d'affiches, circulaires, réunions, manifestations ou autres moyens que l'initiative des travailleurs croira bon d'user, le public soit invité à ne rien acheter chez lui jusqu'au jour où il aura donné entière satisfaction à ses employés.

Ainsi l'ont fait nos camarades d'Angleterre et d'Allemagne dont nous parlions tout à l'heure et, qui, dans maintes circonstances, ont remporté la victoire.

Quant aux industriels, comme nous avons expliqué ci-dessus, le boycottage les atteint difficilement. Par contre, le fonctionnement normal de la société capitaliste leur permet, sous le couvert de diminution des salaires, augmentations des heures de travail, ou chômages et renvois brutaux, de nous appliquer un boycottage meurtrier. Ils sont même allés plus loin en pratiquant le boycottage politique et en mettant à l'index les travailleurs conscients de leurs droits, les empêchant ainsi non-seulement de propager les idées d'émancipation qui les animent mais même de vivre.

Actuellement, à Roubaix, l'*Union sociale et patriotique*, association d'industriels et de politiciens, s'est liguée pour terrasser les idées émancipatrices par le renvoi simultané d'une masse considérable de travailleurs. Pour être embauché dans les usines de Roubaix et de Tourcoing, il faut aujourd'hui que le travailleur soit inscrit sur les listes de l'*Union sociale et patriotique ;* et ne croyez pas que ce refus soit pratiqué sournoisement. Non ! c'est au grand jour, en affichant cyniquement ses intentions de proscription qu'agit l'*Union patriotique*. Tout au long, dans ses statuts, elle déclare que son principal but est de donner du travail à ses adhérents, au détriment des travailleurs qui combattent pour l'affranchissement du prolétariat.

Nous vous citons cette ville parce qu'elle est un foyer révolutionnaire et qu'elle a un Conseil municipal socialiste, que nous voulons croire imbu de bonnes intentions, mais qui se trouve impuissant pour endiguer les manœuvres d'oppression et de persécution employées par les industriels réactionnaires.

Et ne nous y trompons pas, ce qui existe à Roubaix aujourd'hui se généralisera demain, d'un bout à l'autre de la France, si nous n'y mettons ordre.

Par quels moyens résister à ce boycottage patronal et arrêter l'expansion de l'œuvre réactionnaire et sinistre dont les capitalistes de Roubaix donnent l'exemple à leurs confrères ?

Ici, votre Commission croit que le boycottage que nous pourrions tenter contre les exploiteurs en question ne donnerait que des déceptions. Aussi, vous propose-t-elle de le compléter par une tactique de même essence que nous qualifierons : le *sabottage*.

Cette tactique, comme le boycottage, nous vient d'Angleterre où elle a rendu de grands services dans la lutte que les travailleurs soutiennent contre les patrons. Elle est connue là-bas sous le nom de *Go canny*.

A ce propos, nous croyons utile de vous citer l'appel lancé dernièrement par l'*Union internationale des Chargeurs de navires*, qui a son siège à Londres :

Qu'est-ce que *Go canny* ?

C'est un mot court et commode pour désigner une nouvelle tactique, employée par les ouvriers au lieu de la grève.

Si deux Ecossais marchent ensemble et que l'un coure trop vite, l'autre lui dit : *Go canny*, ce qui veut dire : « Marche doucement, à ton aise ».

Si quelqu'un veut acheter un chapeau qui vaut cinq francs, il doit payer cinq francs. Mais s'il ne veut en payer que quatre, eh bien ! il en aura un de qualité inférieure. Le chapeau est une « marchandise ».

Si quelqu'un veut acheter six chemises de deux francs chacune, il doit payer douze francs. S'il ne paie que dix, il n'aura que cinq chemises. La chemise est encore « une marchandise en vente sur le marché ».

Si une ménagère veut acheter une pièce de bœuf qui vaut trois francs, il faut qu'elle les paye. Et si elle n'offre que deux francs, alors on lui donne de la mauvaise viande. Le bœuf est encore « une marchandise en vente sur le marché ».

Eh bien, les patrons déclarent que le travail et l'adresse sont « des marchandises en vente sur le marché » — tout comme les chapeaux, les chemises et le bœuf.

— Parfait, répondons-nous, nous vous prenons au mot.

Si ce sont des « marchandises », nous les vendrons tout comme

le chapelier vend ses chapeaux et le boucher sa viande. Pour de
mauvais prix, ils donnent de la mauvaise marchandise et nous
en ferons autant.

Les patrons n'ont pas le droit de compter sur notre charité.
S'ils refusent même de discuter nos demandes, eh bien, nous pouvons mettre en pratique le *Go canny* — la tactique de « travaillons
à la douce », en attendant qu'on nous écoute.

Voilà clairement défini le *Go canny*, le *sabottage* : *à mauvaise
paye, mauvais travail*.

Cette ligne de conduite, employée par nos camarades anglais,
nous la croyons applicable en France, car notre situation sociale
est identique à celle de nos frères d'Angleterre.

Il nous reste à définir sous quelles formes doit se pratiquer le
sabottage.

Nous savons tous que l'exploiteur choisit habituellement pour
augmenter notre servitude le moment où il nous est le plus difficile de résister à ses empiètements par la grève partielle, seul
moyen employé jusqu'à ce jour.

Pris dans l'engrenage, faute de pouvoir se mettre en grève,
les travailleurs frappés subissent les exigences nouvelles du capitaliste.

Avec le *sabottage* il en est tout autrement : les travailleurs peuvent résister ; ils ne sont plus à la merci complète ; ils ne sont
plus la chair molle que le maître pétrit à sa guise : ils ont en
mains un moyen d'affirmer leur virilité et de prouver à l'oppresseur qu'ils sont des hommes.

D'ailleurs, le *sabottage* n'est pas aussi nouveau qu'il le parait :
depuis toujours, les travailleurs l'ont pratiqué individuellement
quoique sans méthode. D'instinct, ils ont toujours ralenti leur
production quand le patron a augmenté ses exigences ; sans s'en
rendre clairement compte, ils ont appliqué la formule : *à mauvaise
paye, mauvais travail*.

Et l'on peut dire que dans certaines industries où le travail aux
pièces s'est substitué au travail à la journée, une des causes de
cette substitution a été le sabottage, qui consistait alors à fournir
par jour la moindre quantité de travail possible.

Si cette tactique a donné déjà des résultats, pratiquée sans
esprit de suite, que ne donnera-t-elle pas le jour où elle deviendra
une menace continuelle pour les capitalistes ?

Et ne croyez pas, camarades, qu'en remplaçant le travail à la
journée par le travail aux pièces, les patrons se soient mis à l'abri
du sabottage : cette tactique n'est pas circonscrite au travail à la
journée.

Le sabottage peut et doit être pratiqué pour le travail aux pièces. Mais ici, la ligne de conduite diffère : restreindre la production serait pour le travailleur restreindre son salaire ; il lui faut

donc appliquer le sabottage à la qualité au lieu de l'appliquer à la quantité. Et alors, non-seulement le travailleur ne donnera pas à l'acheteur de sa force de travail plus que pour son argent, mais encore, il l'atteindra dans sa clientèle qui lui permet indéfiniment le renouvellement du capital, fondement de l'exploitation de la classe ouvrière. Par ce moyen, l'exploiteur se trouvera forcé, soit de capituler en accordant les revendications formulées, soit de remettre l'outillage aux mains des seuls producteurs.

Deux cas se présentent couramment : le cas où le travail aux pièces se fait chez soi, avec un matériel appartenant à l'ouvrier, et celui où le travail est centralisé dans l'usine patronale dont celui-ci est le propriétaire.

Dans ce second cas, au sabottage sur la marchandise vient s'ajouter le sabottage sur l'outillage.

Et ici, nous n'avons qu'à vous rappeler l'émotion produite dans le monde bourgeois, il y a trois ans, quand on sut que les employés de chemins de fer pouvaient, avec deux sous d'un certain ingrédient, mettre une locomotive dans l'impossibilité de fonctionner.

Cette émotion nous est un avertissement de ce que pourraient les travailleurs conscients et organisés.

Avec le *boycottage* et son complément indispensable, le *sabottage,* nous avons une arme de résistance efficace qui, en attendant le jour où les travailleurs seront assez puissants pour s'émanciper intégralement, nous permettra de tenir tête à l'exploitation dont nous sommes victimes.

Il faut que les capitalistes le sachent : le travailleur ne respectera la machine que le jour où elle sera devenue pour lui une amie qui abrège le travail, au lieu d'être, comme aujourd'hui, l'ennemie, la voleuse de pain, la tueuse de travailleurs.

La Commission de Boycottage.

RÉSOLUTIONS

AFFIRMATION THÉORIQUE

Nous vous proposons donc de prendre en considération la proposition suivante :

Chaque fois que s'élèvera un conflit entre patrons et ouvriers, soit que le conflit soit dû aux exigences patronales, soit qu'il soit dû à l'initiative ouvrière, et au cas où la grève semblerait ne pouvoir donner des résultats aux travailleurs visés, que ceux-ci appliquent le *boycottage* ou le *sabottage* — ou les deux simultanément — en s'inspirant des données que nous venons d'exposer.

PROPOSITION DE MISE EN PRATIQUE

Déjà, nous pouvons sortir du domaine théorique et entrer immédiatement dans la pratique.

La Commission vous propose que, pour aider à l'écoulement des produits de la *Verrerie Ouvrière*, les travailleurs conscients appliquent un boycottage rigoureux à tous les débitants, liquoristes, etc., qui, tout en étant plus spécialement nos fournisseurs, refuseront de débiter leurs liquides dans des bouteilles de provenance de la *Verrerie Ouvrière*.

En agissant ainsi, nous aiderons à vulgariser le *boycottage* et, surtout, nous ferons œuvre de solidarité.

LA COMMISSION DE BOYCOTTAGE.

Groq, ayant demandé et obtenu la parole, dit que la question qui s'agite est très importante et qu'il y a lieu de l'examiner de près pour les voies et moyens qui partout peuvent ne pas être les mêmes à employer.

Exemple : à Toulouse, le Syndicat des Employés de Commerce a mené une campagne très suivie dans le but d'obtenir un jour de repos hebdomadaire, et étant donné que les habitants de la campagne ont pour habitude de venir faire leurs achats en ville ce jour-là, nous demandions que la journée du dimanche soit celle à désigner comme jour de repos et de fermeture des magasins. Une campagne très vive a été faite dans ce but, des tournées de conférences ont été faites dans les campagnes et il est arrivé, comme résultat, que nous avons été compris et que plusieurs maisons de commerce ont consenti à fermer le dimanche. Je dois faire remarquer que dans ces conférences, nous nous attachions à faire ressortir que les patrons eux-mêmes y auraient intérêt, intérêt en ce sens que nous promettions de leur faire de la réclame partout et que nous mettrions à l'index les maisons qui ne fermeraient pas.

La campagne que nous avons menée a été terrible et pour un moment nous avons vu le commencement d'un succès couronner nos efforts. Plusieurs maisons ont donc fermé leur magasin, mais il est malheureusement arrivé que les employés ne s'occupèrent plus de poursuivre le but afin que la fermeture ait lieu partout et que les maisons qui avaient fermé ont dû, pour ne pas se laisser enlever la clientèle, ouvrir de nouveau.

Pour fixer comme jour de fermeture un jour autre que celui du dimanche, ici, cela ne serait pas possible.

Nous aurions bien continué à faire la campagne d'une façon énergique, mais rien ne se fait avec rien ; les ressources nous faisant défaut, nous nous sommes arrêtés, nous n'avons pas continué la lutte.

Il est vrai qu'à défaut des moyens pacifiques que l'on peut employer, il en existe d'autres qui sont pratiques, et soit dit en passant, si l'on ne veut faire que ce qui est permis d'être fait, il n'est pas possible d'espérer arriver à un but sérieux.

A Bordeaux, après des avis et des luttes au sujet de la mesure à prendre pour obtenir que les magasins ferment le dimanche, plusieurs maisons se sont obstinées. Eh bien! qu'est-il arrivé? C'est qu'on leur a cassé les vitres et que par force il a fallu fermer le magasin pour permettre de réparer les dégâts.

Hamelin. — Vous avez parlé de la mise à l'index pour les maisons qui ne veulent pas consentir à fermer leurs magasins pour que les ouvriers ou employés aient un jour de repos par semaine. Mon avis est que si l'on se montrait un peu plus révolutionnaire on réussirait mieux à mettre au pli ceux qui ne veulent pas s'y mettre de bonne volonté.

Je suis pour le boycottage et j'ajoute qu'il me semble que tous les moyens sont bons à employer pour réussir. Car, c'est une question de justice.

J'ajoute encore qu'il y a une foule de moyens très pratiques à employer pour arriver à la réussite; ils sont faciles à appliquer pourvu qu'on le fasse adroitement. Je veux dire par là qu'il y a des choses qu'on doit faire et qu'on ne doit jamais dire. Vous me comprenez.

Je sais bien que si je précisais, on pourrait me demander si j'ai le droit de faire telle ou telle chose, mais, comme le disait Groq, si l'on continuait à ne faire que ce qu'il est permis de faire, on n'aboutirait à rien.

Lorsqu'on entre dans la voie révolutionnaire, il faut le faire avec courage et quand la tête est passée il faut que tout le corps y passe. *(Applaudissements).*

Briat appuie vivement la thèse soutenue par Hamelin et cite comme exemple ce qui s'est passé à Paris au moment où les journaux *Le XIX° Siècle* et *Le Rappel* ont été mis à l'index.

Pas un numéro de ces journaux n'aurait été mis en vente

le matin si la Fédération du Livre s'était entendue avec le Syndicat des porteurs de journaux. Il n'y aurait eu aucun numéro chez les marchands.

Pinel. — Depuis quelque temps, à Toulouse, nous nous sommes sérieusement occupés des moyens à employer pour faire augmenter le chiffre de production des bouteilles de la Verrerie Ouvrière. Je suis heureux que le camarade Gidel soit présent et je lui demande si à la Verrerie on se ressent de ce que nous avons fait ici.

Gidel. — Je remercie le camarade Pinel de ce qu'il vient de déclarer au sujet de la propagande qui a été faite à Toulouse. Je ne puis dire exactement quel est le chiffre d'augmentation qui a pu se produire pour Toulouse sur les mois précédents, mais, ce que j'affirme, c'est que le chiffre des commandes et livraisons *s'est augmenté d'un tiers* dans le courant du mois d'août. Dans ce mois-là, en effet, nous avons pu constater sur nos livres que le chiffre de 400,000 bouteilles a remplacé, sur un chapitre, celui de 250,000, inscrit le mois précédent. *(Applaudissements)*.

Pinel. — Cela prouve que nous devons faire une grande propagande afin d'obtenir que les établissements tenus par des patrons qui se disent les amis des ouvriers, ne servent des consommations qu'en utilisant les bouteilles de la Verrerie Ouvrière.

Il faut arriver à leur imposer de tenir les produits de cette Verrerie. Nous devons redoubler d'action, et, s'ils ne veulent pas, engageons les ouvriers à abandonner leurs établissements et surtout prêchons par l'exemple. *(Très bien)*.

Le Rapporteur. — Je ne puis que remercier les camarades qui ont pris la parole, car tous n'ont fait qu'appuyer les conclusions de la Commission.

Un Camarade. — Nous sommes tous d'accord sur ce point, il n'y a qu'à clôturer la discussion.

La clôture, mise aux voix, est prononcée.

Le Président. — J'ai reçu plusieurs ordres du jour, je vais les lire et les mettre aux voix. D'abord, celui du camarade **Soudant,** qui est ainsi conçu :

Nous demandons que les congressistes, dont les Organisations ont des journaux corporatifs, s'engagent d'ores et déjà à inviter leurs camarades syndiqués, par l'intermédiaire desdits journaux, à n'aller boire que chez les marchands de vins qui se fournissent de bouteilles à la Verrerie Ouvrière.

Le Congrès adopte.

Puis, celui proposé par le camarade **Groq** :

Le Syndicat des Employés de Commerce de Toulouse invite le Congrès à voter par des acclamations les conclusions du rapport et à le mettre en pratique à la première occasion qui se présentera.

Adopté à l'unanimité et par applaudissements.

COMMISSION DES VŒUX

La parole est donnée au citoyen **Pinel,** rapporteur de la Commission des vœux.

Pinel déclare que la Commission a examiné tous les vœux qui vont être soumis au Congrès, avec une grande attention, et qu'elle désire ardemment que tous reçoivent une solution favorable.

La Commission compte surtout plus sur l'énergie des travailleurs pour les faire aboutir, que sur les pouvoirs publics, car elle s'inspire de la devise souvent répétée et qui est exacte, que l'émancipation des travailleurs doit être l'œuvre des travailleurs eux-mêmes.

Le camarade **Pinel** soumet à l'appréciation des membres du Congrès les vœux suivants :

Vœu **Delesalle,** au nom de l'Association Syndicale des garçons Restaurateurs-Limonadiers et assimilés de la Seine, demandant la suppression du pourboire chez les limonadiers :

« Le Congrès, considérant que jusqu'à la disparition du salariat tout travail mérite salaire, approuve la campagne entreprise par l'Association syndicale des Garçons Restaurateurs-Limonadiers de Paris contre le patronat, afin d'obtenir comme les travailleurs des autres corporations un salaire fixe, et de n'être plus obligés de solliciter la générosité des consommateurs pour apporter du pain à leur famille.

« Attendu, d'ailleurs, que le patronat exploite d'une façon honteuse ces travailleurs en prélevant sur eux une dîme pour travailler dans leurs établissements et les obligent à travailler dix-huit heures consécutives;

« Que de pareils agissements sont la négation même du droit à la vie.

« En conséquence, le Congrès invite tous les travailleurs à

faire cause commune avec les garçons restaurateurs-limonadiers pour les aider à triompher de la rapacité patronale. »

Delesalle. — A propos du pourboire, il se passe, à Paris surtout, des choses qui dépassent l'imagination. C'est ainsi que certains chefs d'établissements le considèrent comme la paie des garçons; aussi ils ne les rétribueront jamais, tant qu'il y aura des pourboires. Bien mieux, les garçons entrant le matin sont obligés de payer le tablier 7, 8 et même 10 francs avant de commencer leur service.

Soulery. — La situation des garçons limonadiers mérite d'appeler toute notre attention; il faut que nous aidions ces travailleurs à sortir de l'état dans lequel ils se trouvent. On dira bien que le pourboire est facultatif; il l'est, c'est vrai, mais il l'est pour le client et non pour le chef d'établissement qui compte là-dessus pour exploiter ses employés. Il y a là quelque chose d'anti-démocratique qu'il est bon de faire cesser. Avec raison, les garçons limonadiers demandent à être assimilés au même titre que le sont tous les travailleurs. Le Syndicat d'Alger a envoyé une circulaire à tous les Syndicats limonadiers de France pour les prier de voir s'il n'y aurait pas possibilité d'organiser un Congrès de limonadiers, ajoutant que le Congrès aurait lieu dans la ville qui aurait réuni le plus de voix.

Il faudrait faire action commune et organiser une propagande active si le Congrès se prononce, comme c'est très possible, pour la suppression du pourboire.

Meyer. — La Chambre syndicale des limonadiers de Paris est au courant de ce qui se passe dans les grands établissements et a mené une campagne dont plusieurs camarades, ici, peuvent se rappeler. Non-seulement c'est la suppression du pourboire qu'il faut obtenir, mais il faut aussi que les garçons n'aient plus à payer, à côté des 10 francs par jour pour le tablier pris le matin, les frais de casse, de papier à lettre et même de journaux, comme cela a lieu au Café de la Paix et dans bien des établissements.

Ils demandent donc à être salariés comme tous les autres travailleurs et qu'au lieu que ce soient eux qui paient le patron, ce soit le patron qui les paye. De plus, ils demandent à ne travailler que huit heures. Si cela ne peut pas satisfaire les patrons, ils n'auront qu'à organiser deux brigades d'emdloyés. Mais la première des choses qu'ils demandent, c'est la suppression des frais.

Il suffit d'avoir un tant soit peu de bon sens pour déclarer qu'ils ont raison et que leur revendication est juste. Aidons-les!...

Briat. — Ce qu'il faut tâcher d'obtenir, c'est la suppression intégrale du pourboire.

Harlay. — Je trouve ridicule qu'on dise : *pourboire facultatif*, puisqu'il l'a toujours été. Ce qu'il y a à faire, c'est à nous engager à ne plus donner de pourboire nous-même.

Le Président met aux voix la proposition suivante :

« Considérant que les travailleurs limonadiers sont des exploités dans les mêmes conditions que tous les serfs du Travail que nous représentons, le Congrès engage ces exploités à employer le moyen du *sabottage*, seul moyen pouvant leur donner satisfaction dans leur revendication.

« Adolphe THIERRARD. »

Le Congrès l'adopte.

Autre proposition :

« Je propose que les membres du Congrès s'engagent à faire une propagande active dans leurs Syndicats pour ne plus donner de pourboire aux garçons de café, laissant au patron de l'établissement la charge de rémunérer ses employés.

« Moyse COIGNARD. »

Le Congrès l'adopte.

Etant donné la multitude des vœux soumis au Congrès et sur la constatation qui est faite par divers membres qui font remarquer que plusieurs vœux sont identiques, qu'il n'y a que le mode de rédaction qui est changé, il est décidé que la Commission d'organisation du Congrès, qui est composée de vingt-deux membres, centralisera tous les vœux afin de ne retenir que ceux qui doivent figurer dans le compte rendu imprimé.

Pinel donne néanmoins lecture des vœux suivants :

« La Fédération des Chambres syndicales des Coupeurs et Brocheurs en chaussures de France, considérant que le Conseil supérieur du Travail étant une organisation gouvernementale, et par conséquent bourgeoise, ne peut être en faveur que du capital, décide qu'il soit recruté par les Syndicats et Groupes corporatifs ouvriers réunis et organisé par la Confé-

dération, les travailleurs étant seuls capables de s'administrer eux-mêmes.

« MAISON. »

Vœu proposé par le Conseil local de la Fédération du Bâtiment de Nantes :

« Considérant que le jury d'État concernant les examens des
ouvriers d'art pour la période de deux années du service
militaire, composé de trois patrons et trois ouvriers pris
parmi les conseillers prud'hommes, n'est pas toujours com-
pétent, demandons qu'il leur soit adjoint des ouvriers aptes,
pris dans les Syndicats, au moins un par métier.

« Demandons également que les examens soient étendus à
tous les métiers du Bâtiment, estimant que dans tous les
métiers il peut y avoir des ouvriers artistes dans leur genre.

« GOILLANDEAU. »

Adopté.

« Le Congrès renvoie au Conseil national de la Confédération
générale du Travail l'étude des statuts du journal quotidien,
en tenant compte des diverses observations qui se sont produites.

« CORBIÈRE, ROLLAN. »

Adopté.

« Le Syndicat des Omnibus de Paris demande que tous les
Syndicats des transports fassent tous leur possible pour
arriver à faire une Fédération pour assurer le succès dans
l'action commune.

« GIRARD. »

Adopté.

« Les délégués représentant les Syndicats nantais dési-
reraient que la Confédération générale du Travail s'occupe
de l'organisation définitive des travailleurs de campagne en
Syndicats agricoles, qui permettront à nos frères ouvriers de
la terre la connaissance de leurs droits, qui sont actuellement
si méconnus; estime, en outre, que cette question doit être
portée à l'ordre du jour du prochain Congrès corporatif.

« GOILLANDEAU, RIBRAC. »

Adopté.

« La Bourse du Travail de Nantes, la Fédération Métallurgiste
de Nantes et le Conseil local du Bâtiment de Nantes, après
avoir entendu les délégués de Nantes, représentant ces Fédérations, concernant le rapport adressé à la sous-commission

parlementaire sur la marine marchande, au nom des Syndicats et Groupes corporatifs de Nantes, ratifient entièrement la protestation qui a été votée à la Bourse du Travail de Nantes dans sa séance du 18 juillet 1897;

« Approuve absolument la conduite des syndiqués nantais sur cette question, et proteste avec eux contre la décision de la Chambre de commerce de Nantes qui aurait dû consulter les premiers intéressés de la classe ouvrière, qui peinent et qui suent pour enrichir des spéculateurs indignes du nom de Français et d'honnêtes gens.

« RIBRAC, GOILLANDEAU. »

Adopté.

La Fédération des Chambres Syndicales des Coupeurs et Brocheurs en chaussure :

« Il est une question qui ne figure pas à l'ordre du jour et que cependant nous demandons au Congrès de bien vouloir également adopter, c'est de renouveler par un vote une revendication qui concerne la plupart de nos Organisations, le travail de la femme. Aussi, pour mettre en garde les quelques rares corporations où l'élément féminin n'est pas encore entré et pour ne pas laisser s'accentuer cette exploitation de la femme au détriment de l'ouvrier, nous invitons le Congrès à voter cette motion qui a toujours été votée dans tous les Congrès.

« A travail égal, salaire égal, sans distinction de sexe ni « de nationalité. »

« MAISON. »

Adopté.

Les Cuisiniers de Paris et les Pâtissiers de la Seine, la Fédération des Cuisiniers, Pâtissiers, Confiseurs de France et des Colonies, la Bourse du Travail d'Alger :

« Nous nous prononçons pour qu'un Congrès international Corporatif soit tenu à Paris en 1900.

« Louis MEYER, SOULERY. »

« Nous proposons qu'à l'avenir les coopératives qui se formeront distribuent une partie des bénéfices réalisés à la propagande socialiste et aux œuvres de solidarité sociale.

« A. MEYRON, CH. SOULERY, BESSET. »

« Le travail aux pièces étant une des causes de l'avilissement des salaires et de ce fait condamné par tous les Congrès ouvriers,

« Le Congrès engage les administrateurs de la Verrerie Ouvrière d'Albi de rechercher par tous les moyens possibles à remplacer le travail aux pièces pratiqué dans l'usine par le travail à la journée et salaire égal.

« CAPJUZAN,
« *Délégué de la Cordonnerie ouvrière de France.* »

« Qu'une question d'ordre général soit portée à l'ordre du jour de tous les Congrès futurs pour que les Congrès s'affirment à nouveau, comme sur la grève générale.

« La question des inspecteurs pris dans les Syndicats ouvriers, par exemple.

« GRENTZEL. »

Chambre syndicale des ouvriers Typographes et similaires de la ville du Mans :

« *Questions supplémentaires.* — A l'unanimité, la réunion a émis les deux vœux suivants :

« 1º Que les patrons qui appliquent les tarifs des chambres « syndicales puissent mettre un signe distinctif sur leurs « travaux;

« 2º Qu'il ne soit agité, au sein du Congrès, aucune ques- « tion politique pouvant nuire aux intérêts corporatifs. »

« Les Organisations étant en possession de plusieurs actions, ne pourront avoir plus d'une voix délibérative dans le Conseil d'administration du journal.

« THIERRARD. »

Adopté.

Les Métallurgistes de l'Oise :

« Le Congrès émet le vœu que dans toutes les élections législatives et communales les Organisations syndicales confédérées combattent toutes les candidatures qui n'accepteraient pas les résolutions des Congrès de la Confédération.

« MAJOT. »

« Le capital actions pourra atteindre 500,000 francs pour permettre à tous les syndicats et Sociétés coopératives de jouir d'une action.

« La Confédération devra, selon les ressources recueillies et les chances de vente, faire paraître le journal le plus tôt possible.

« MAJOT. »

Adopté.

« Quel que soit le nombre des actions émises, la Confédération aura toujours, comme fondateurs du journal, la moitié plus une des voix.

« MAYNIER. »

L'Union des Syndicats du département de la Seine :

« L'alcoolisme étant un des moyens employés par la bourgeoisie qui nous exploite, pour avilir, dégrader et dominer la classe ouvrière, nous proposons que la question de l'alcoolisme et ses conséquences, au point de vue corporatif et social, soit mise à l'ordre du jour du prochain Congrès national corporatif. »

L'Union des Ouvriers Métallurgistes :

« Le Congrès de Toulouse,
« Considérant que ses décisions ne doivent plus rester lettre-morte, que toutes considérations sentimentales doivent être écartées autant que l'intérêt général ne puisse en souffrir, c'est-à-dire que d'une part, lorsqu'il s'agira de grèves partielles qui n'émanent pas des décisions de Bourses de Travail confédérées, ainsi que des décisions des conseils d'administration des Fédérations également unies à la Confédération générale du Travail, que les Organisations confédérées ne dépensent pas leurs ressources en venant en aide aux éléments anarchistes qui ne sont que des indifférents et se prêtent aux manœuvres patronales, qui de parti pris, forment les grèves partielles pour détruire les éléments de propagande qui se mettent en évidence dans chaque pays.
« D'autre part, que les éléments confédérés qui n'apportent pas sous des formes de solidarité, au Congrès, leur concours à la création du journal dans le délai de six mois, voient leur titre d'Organisation porté à la connaissance de tous les syndiqués par les journaux corporatifs et de tous ceux qui sont susceptibles par leurs relations de faire agir les militants en conformité des décisions du Congrès.
« MAJOT. »

L'Union des Syndicats du département de la Seine propose :
« La question de l'alcoolisme et ses conséquences figurera
« à l'ordre du jour du prochain Congrès corporatif ouvrier. »
« Cette question n'a pas été traitée jusqu'à ce jour pourtant elle a son importance. Si cette proposition a été faite, c'est afin que les Organisations aient le temps de l'étudier et apportent ainsi des travaux sérieux à ce sujet en 1898. »

« Les Maréchaux-Ferrants de la ville de Toulouse désirent qu'il soit porté à l'ordre du jour du prochain Congrès la règlementation des heures de travail dans cette industrie qui est très importante, malgré qu'elle n'ait donné encore que très peu signe de vitalité ; en un mot, ils voudraient qu'il sortit du prochain Congrès une puissante Fédération de métier afin d'aboutir à la réduction des heures du travail qui, pour la plupart de ces travailleurs, atteint 15 heures par jour.

« F. Bousquet. »

Alger :

« Propose que la Confédération pousse activement à la solution des projets ci-après :

« 1º Extension de la Prud'homie aux travailleurs des deux « sexes ;

« 2º Retraites ouvrières ;

« 3º Suppression pure et simple des Bureaux de Placement ;

« 4º Application de la loi du 2 novembre sur le travail des « femmes et des enfants, nomination des inpecteurs du Tra- « vail par les travailleurs syndiqués ;

« 5º Suppression du travail dans les prisons et ouvroirs ;

« 6º Suppression du marchandage, projet Jean sur le paie- « ment des prestations en espèces.

« Soulery. »

DROIT AU TRAVAIL
PROJET DE LOI

1. Toutes les prestations seront acquittées en argent.

2. L'argent en provenant restera dans la caisse municipale.

3. Une commission composée de trois membres, présidée par l'adjoint, disposera de la somme qui devra être intégralement employée en travaux communaux.

4. Un surveillant des travaux sera nommé et embauchera toutes les personnes qui se présenteront. Si le nombre des travailleurs était trop considérable, le contingent serait dirigé sur une autre commune. Les communes sont autorisées à voter des fonds et même à contracter des emprunts pour faire exécuter tels travaux qu'elles jugeront convenable, de manière que tout le monde travaille, et si, par impossible, il fallait éliminer quelques postulants, la sagesse de la commission y pourvoirait. Le surveillant établira tous les samedis un état nominatif des travailleurs en y indiquant le prix qu'il croira fixer d'après sa conscience et suivant la somme de travail produite. Cet état sera soumis à la commission et, après son approbation, il sera présenté au receveur municipal qui devra l'acquitter immédiatement.

5. Il sera exercé une retenue du vingtième sur toutes les sommes payées aux ouvriers. Cette somme sera versée trimestriellement entre les mains d'une commission de cinq membres que le Conseil général choisira dans son sein. Elle aura pour mission de créer des établissements destinés à recevoir les vieillards du département qui n'ont pas de famille ou dont la famille est impuissante à leur procurer les soins nécessaires à la vieillesse.

6. Un règlement d'administration publique déterminera le bon fonctionnement de la présente loi qui sera applicable à toutes les communes de la métropole et des colonies.

Jean.

Alger :

« Propose au Congrès que la Confédération du Travail prenne une résolution sur la gratuité du pain (projet Barrucaud). »

« La Chambre syndicale des Pâtissiers de la Seine demande l'annulation du décret ministériel, qui empêche les inspecteurs du Travail des enfants mineurs de visiter les laboratoires où des enfants sont exploités, et travaillent de 15 à 18 heures, martyrisés, mal nourris, en un mot exploités par le patronat d'une façon ignoble;

« Emet le vœu que les enfants placés dans cette corporation, bénificient de la loi sur les enfants mineurs dans l'industrie.

« Louis Meyer. »

« La Chambre syndicale des Soudeurs-Boîtiers, demande la suppression de la boîte mécanique, parce que sa confection les atteint dans leur santé. »

« Nous proposons que les Syndicats s'entendent avec les sociétés coopératives pour soutenir les coopératives de production qui se constitueraient sur des bases socialistes, telle la Verrerie Ouvrière, c'est-à-dire où n'existerait aucune personnalité.

« Ce seront les Organisations qui seront les actionnaires.

« Aucun dividende ne sera distribué, mais servira à la propagande pour l'affranchissement des Travailleurs.

« Renaudin, Maison, Besset, Capjuzan. »

La Chambre syndicale des Limonadiers-Restaurateurs-Liquoristes, fondée en 1886, dépose les vœux suivants :

« 1° Suppression des Bureaux de Placements;
« 2° Journée de huit heures;
« 3° Participation de notre Corporation à la Prud'homie;
« 4° Suppression des frais;
« 5° La Grève générale.

« Louis Meyer. »

La Chambre syndicale ouvrière des Bouchers de Paris et la Chambre syndicale des Etaliers de la Seine :

« 1° La Grève générale;
« 2° Diminution des heures de travail;
« 3° Extension à la Prud'homie;
« 4° Suppression des Bureaux de Placements.

« Louis Meyer. »

« En attendant qu'une loi reconnaisse légale la *Journée de huit heures* avec un salaire minimum, ou que la Confédération générale du Travail prenne une décision, soit par la grève générale ou tout autre moyen, les élus, représentants directs de la classe prolétarienne, devront, dans les assemblées communales, la mettre en pratique pour les ouvriers ou employés directs.

« Ch. Bousquet. »

Le Cercle corporatif des Ouvriers Mécaniciens de France :

« Le Cercle des ouvriers Mécaniciens de France considère que pour assurer la publication du journal, indépendamment de l'achat que le devoir commande à tous les syndiqués, il y a un autre moyen qui consiste à assurer le développement de la propagande des Syndicats, en faisant que tous les militants qui sont rejetés des ateliers puissent continuer leur propagande, car chacun sait que les initiateurs du mouvement syndical sont dénoncés aux fureurs patronales, il leur est matériellement impossible de rester dans leur localité; que, par ce fait, tous les embryons constitués disparaissent ou ne peuvent se développer;

« En conséquence, pour assurer l'indépendance des militants que la confiance des camarades appelle aux fonctions des Conseils de Prud'hommes, ainsi que de tous les propagandistes qui se sacrifient à l'organisation ouvrière, il soit constitué dans tous les centres industriels et commerciaux des associations coopératives de production et consommation, composées exclusivement de syndiqués, où les emplois seront de préférence occupés par les victimes du patronat, ce qui permettra à tous les travailleurs d'avoir plus de confiance dans leur émancipation.

« Pour ces considérations, le Cercle demande au Congrès de Toulouse qu'il soit émis le vœu suivant :

« Le Congrès de Toulouse, considérant qu'il est du devoir « de tous les Syndicats de poursuivre par tous les moyens la « défense des victimes patronales, invite tous les Syndicats, « lorsqu'ils le jugeront utile, d'établir des ateliers coopératifs « de production ou consommation, de ne faire bénéficier de « ses avantages que les ouvriers syndiqués, ainsi que de « soutenir *Le Progrès de la Mécanique*, association ouvrière du « département de la Seine, composée exclusivement de syn-« diqués. »

La Chambre syndicale des Coupeurs en chaussures de la Cordonnerie rouennaise :

« La Chambre syndicale émet le vœu que le Congrès se prononce sur la question suivante :

« Interdiction des amendes et une peine infligée à tout « patron ou toute administration qui emploierait ce moyen. »

« Maison. »

Du délégué de la Bourse du Mans :

« Je propose que le Conseil d'administration de la Verrerie Ouvrière d'Albi veuille bien, pour faciliter la propagande de cette Verrerie, faire que les Bourses du Travail soient pourvues des échantillons de la Verrerie que ces institutions tiendront à la disposition des commerçants, industriels, etc.

« Richer. »

« Le Mans et Rennes émettent le vœu que les Bourses du Travail et Syndicats s'occupent, d'une façon sérieuse, de la situation créée par les Compagnies des Tramways électriques à leurs employés, qui subissent des agissements insupportables.

« En conséquence, nous désirons qu'une propagande soit faite afin de grouper ces exploités en Syndicats fédérés nationalement.

« N. Richer. »

« Les ouvriers Confiseurs de la ville de Toulouse demandent au Congrès de vouloir bien établir entre ouvriers de pays différents des rapports internationaux, pour une sorte d'étude industrielle et commerciale, au même titre que les gouvernements actuels qui échangent des sujets pour l'étude des langues.

« Rollan. »

Camarades,

Tout d'abord, je dois vous déclarer, au nom de la Chambre syndicale des ouvriers Confiseurs, Distillateurs et ouvriers en Vins de la ville de Toulouse, que nous sommes de ceux qui approuvons hautement les Congrès ouvriers.

Nous estimons que dans ces grandes assises du Travail, nettement organisées sur le terrain syndical, finira par surgir l'Union fraternelle des peuples de l'Univers, bannissant à jamais les guerres fratricides qui depuis les premiers temps ont ensanglanté l'humanité.

C'est parce que dans ces Congrès ouvriers les questions économiques qui s'y traitent intéressent toute la classe prolétarienne cosmopolite, que nous avons été amené, après mûres études, à vous présenter le rapport suivant :

Camarades, quel serait votre avis sur l'échange, entre nations, d'ouvriers qui iraient apprendre chez des frères que séparent des frontières conventionnelles les différents genres d'industrie et de travail qui ne leur sont pas connus ?

Pour déterminer ma question en quelques mots : des Français, par exemple, passeraient deux ou trois ans en Angleterre, apprendraient dans leurs métiers respectifs les méthodes et manières anglaises, la différence de leur travail avec le nôtre, ils en étudieraient les avantages en tâchant d'en éviter les inconvénients; ils acquerraient ainsi de profondes capacités et agrandiraient leurs connaissances.

11 CORPORATIF

Le plus grand ennemi de la tyrannie, qu'elle soit monarchique ou bourgeoise, de l'exploitation odieuse de l'autel, du sabre ou de l'écu, est le rapport assez fréquent qu'établissent entre eux les travailleurs asservis, pour l'étude de leurs souffrances et des moyens de leur émancipation.

Que résulterait-il, dans une pensée de labeur intelligent, du rapprochement des fils de deux nations étrangères, de ces prolétaires à la conquête de la perfection, et, échangeant dans leur course à travers le monde, un idéal nouveau, des considérations inconnues, sur les conditions du Travail, conditions devenant ainsi de puissantes aspirations vers la Justice et la Liberté !

Dans cet échange d'ouvriers entre nations, on ne ferait que reproduire pour l'étude du travail et de l'industrie ce qui se passe actuellement pour l'étude des langues.

Les gouvernements font échange de sujets préparés à cet effet; les jeunes Français qui ont appris l'Allemand au lycée ou au collège et qui veulent apprendre à connaître et à parler cette langue, vont passer deux ou trois ans en Allemagne. Pour les autres langues, c'est la même chose. Et tout cela à bien peu de frais, car ce n'est qu'un échange de sujets de gouvernement à gouvernement.

Pourquoi n'en serait-il pas ainsi pour les différentes corporations ouvrières ?

Des ouvriers intelligents sortant des écoles primaires supérieures ou professionnelles, après avoir fait deux ou trois ans d'apprentissage en France, passeraient un concours et iraient achever leur apprentissage dans une nation voisine où ils seraient placés d'office dans les meilleurs chantiers, usines et manufactures. Cela, d'ailleurs, ne coûterait presque rien au gouvernement, car les individus, en travaillant, gagneraient au moins leur vie. Voyez quel avantage notre industrie nationale en retirerait, sans compter le profit personnel de chacun des ouvriers envoyés; en outre du travail manuel, ils auraient appris à parler et à écrire à peu près convenablement la langue et pourraient correspondre, au besoin, au point de vue industriel, et avoir en plus des relations faciles avec l'étranger, ce qui permettrait aux ouvriers des deux mondes de s'affranchir de la tyrannie capitaliste.

Ce serait un lien de solidarité humaine qui contribuerait pour une large part à l'émancipation universelle des peuples. Nous pourrions alors entonner la vieille devise : Les peuples sont pour nous des frères. Mais, pour cela, il faut que les Congrès s'en occupent.

Le Congrès émet les vœux que les Commissions de salubrité et les Conseils d'hygiène soient autorisés à sévir contre les ateliers, cuisines et laboratoires contraires aux principes d'hygiène, soit pour trop grande concentration de chaleur, manque d'aération et tous principes contraires à la santé des travailleurs.

Alimentation ouvrière des Cuisiniers, Boulangers, Bouchers et Pâtissiers de Paris :

« Nous émettons le vœu que le Congrès se prononce pour la

suppression totale et complète des bureaux de placement; protestons contre la loi nouvellement votée par la Chambre des députés.

« Nous nous prononçons contre le marchandage.

« Louis MEYER. »

Le Congrès émet le vœu que les législateurs forcent par une loi les employeurs à octroyer à leurs salariés un jour de repos par semaine.

Extrait du procès-verbal de la séance du 7 septembre 1897, du Comité de vigilance des Conseillers prud'hommes ouvriers de Nantes :

. . . .
. . . . . . « Après diverses observations entre plusieurs délégués et conseillers, le citoyen Colombe, s'inspirant de la discussion, dépose la proposition suivante, qui devra être portée sous forme de question par le citoyen Ribrac, délégué de la Bourse du Travail de Nantes au IXme Congrès national corporatif de Toulouse, et le citoyen Goillendeau, délégué du Conseil local du Bâtiment de Nantes au VIme Congrès de la Fédération nationale du Bâtiment, à Toulouse :

« Le Comité de vigilance des Conseillers prud'hommes ouvriers de Nantes :

« Considérant que la durée de six ans du mandat de Conseiller prud'homme a toujours été considérée comme trop longue, que déjà certaines villes, Lyon entre autres, ont pu, par une sage discipline, écourter cette durée en engageant les Conseillers ouvriers restants à donner leur démission collective lorsqu'arrive l'époque du renouvellement triennal du Conseil ;

« Que cette mesure, si elle était adoptée par toutes les localités où il y a un prud'homme, forcerait les Chambres à réduire légalement la durée du mandat à sa plus simple expression ; que les électeurs étant plus souvent consultés, il en résulterait des rapports plus intimes entre conseillers et justiciables ;

« Donnant mandat au citoyen Goillendeau, délégué du Conseil local du Bâtiment de Nantes au VIme Congrès de la Fédération nationale du Bâtiment, à Toulouse, de soumettre la question suivante :

« Y a-t-il lieu et utilité pour arriver à la réduction légale
« de la durée du mandat de Conseiller prud'homme d'engager
« les Conseillers qui ne sont pas sortants au prochain renou-
« vellement triennal à donner leur démission collective ? »

La séance est levée à midi et la prochaine fixée à ce soir 2 heures.

ONZIÈME SÉANCE

SAMEDI 25 SEPTEMBRE (Soir)

Présidence du citoyen Hamelin; assesseurs : Besset et Meyer.

Après l'appel nominal, la parole est donnée au camarade **Pinel**, rapporteur de la 10me Commission, pour la lecture de son rapport, qui est ainsi conçu :

Rapport de la Commission des Vœux

Présents : Rogert, Reisz, Hamelin, Gidel, Capjuzan, Marius Pinel; excusé : Faberot.

Après discussion de la dixième question portée à l'ordre du jour du Congrès, votre Commission renvoie cette motion à la Confédération générale du Travail, qui est spécialement composée de camarades habitant Paris et qui sont tout naturellement désignés pour remplir ce mandat.

Par conséquent, la Commission invite les membres du Comité fédéral à entrer le plus tôt possible dans l'étude de l'organisation du Congrès international corporatif de 1900, à Paris, qui doit avoir un grand retentissement au point de vue de l'émancipation des Travailleurs des deux mondes.

En prévision qu'un Congrès quelconque pourrait prendre l'initiative de l'organisation de ce Congrès international, la Commission engage la Confédération à commencer d'ores et déjà à se mettre en relation avec nos camarades des pays étrangers.

Le Rapporteur,
Marius PINEL.

Majot demande la parole et propose que, selon les circonstances et les nécessités, le Conseil confédéral convoque les Organisations confédérées en 1898.

Si les nécessités n'obligent pas le Conseil confédéral à convoquer un Congrès l'année prochaine, que l'année 1899 soit choisie, afin que toutes les Organisations puissent se préparer et assurer les ressources à l'organisation du Congrès international.

Majot ajoute : Ce que je voudrais voir décider, c'est qu'il n'y ait pas de Congrès en 1898, étant donné les frais que cela entraîne pour les Syndicats.

Guérard. — Je prie les camarades de considérer que trois années ne sont pas de trop pour nous préparer au grand Congrès et que, d'ici là, nous devons le plus possible tâcher de réaliser des économies qui permettront de faire face aux dépenses qu'il entraînera.

Il sera d'abord indispensable que les rapports soient faits en trois langues; il faudra, pour ainsi dire, une imprimerie spéciale à la disposition du Congrès. Cela veut dire qu'il faudra, pour la réussite, de grands efforts et d'énormes dépenses d'argent. La Commission propose qu'on charge la Confédération du soin d'organisation, mais cela ne suffit pas, il faut aussi lui donner les ressources nécessaires.

Voyez pour le Congrès de Londres, il y a eu 40.000 francs! Ça ne se trouve pas aisément, et ce sera avec beaucoup de peine qu'on arrivera peut-être à trouver les fonds nécessaires. Il est évident qu'on ne va pas mettre à notre disposition la salle du Trocadéro et il nous faudra cependant une vaste salle, une salle comme le Cirque d'Hiver, par exemple, et elles ne fourmillent pas. La location coûtera déjà très cher : nous paierons peut-être 1,000 francs par jour. Je dis 1,000 francs, parce que je sais que pour quelques heures seulement, l'après-midi, on fait payer 600 francs. La dépense pour les traducteurs sera également très élevée. Il faut tout envisager et, à faire le Congrès, nous ne pouvons faire moins que ce qui a été fait à Zurich, à Bruxelles et à Londres. Au contraire, nous devrions faire mieux. Il faudra que toutes les Organisations se préparent d'ici là, et trois ans ne sont pas de trop pour réaliser les économies nécessaires pour le Congrès international corporatif.

Danflous a la parole pour une motion d'ordre : Je vois distribuer des brochures qui peuvent froisser certaines susceptibilités, certaines opinions. Je déclare que je n'approuve pas cette manière de procéder.

Capjuzan. — Comme l'a dit le camarade Guérard, il y a intérêt, pour la réussite du Congrès international, à s'y prendre à l'avance et à réaliser les ressources qui seront indispensables. Seulement, je trouve que le prix qu'il émet comme location de la salle est exagéré; nous pourrons avoir une réduction : la moitié du chiffre qu'il a donné serait suffisante. La Confédération générale du travail devra faire un appel à toutes les Organisations qui adhèreront à la Confédération pour obtenir le plus de fonds possibles. Je suis d'avis aussi, qu'avant le Congrès international, il en soit organisé un qui serait national; il me semble qu'il y aurait avantage pour le prolétariat à ce qu'il en soit ainsi. Jusqu'à ce jour, dans les divers Congrès, on n'a rien fait de pratique; il n'y a eu que des questions d'études. Il serait temps d'entrer dans le mouvement d'action. Au Congrès national, que je voudrais voir s'organiser avant l'international, on s'attacherait à ne plus patauger, on s'entendrait, pour marcher en avant, d'une manière efficace.

Nous n'avons pas besoin d'attendre les décisions d'attaque contre le capital pour entrer dans le mouvement d'action; voici ce que je propose :

Considérant que les Congrès passés n'ont été surtout que des assemblées d'études des Organisations syndicales et que les décisions prises dans l'intérêt du prolétariat n'ont pas été respectées ;

En conséquence, je demande que la Confédération chargée d'organiser le Congrès national et international corporatif de 1900 exige de ces Organisations, dans son appel, la promesse formelle de se conformer à ses décisions.

S. CAPJUZAN,
Délégué de la Cordonnerie ouvrière de France.

Adopté.

Reisz. — Nous aurons, c'est vrai, de grands frais pour le Congrès international, mais je crois que ce qu'a dit le camarade Guérard dépasse les prévisions des dépenses que nous ferons. Et d'abord, on ne sait pas même approximativement quel sera le nombre de délégués. Je mets qu'il y en aura 500, c'est déjà bien joli et le chiffre est sûrement forcé ! Or, que voulons-nous faire? Discuter les intérêts généraux du prolétariat. Pour ce travail nous n'avons pas besoin d'avoir autour de nous une galerie, un public, la présence des délégués seule est nécessaire.

Donc, pour contenir 500 délégués nous n'avons pas besoin d'avoir une salle qui nous coûterait si cher. Une salle comme celle du Commerce, par exemple, suffirait. (Bruit.)

Parfaitement, elle suffirait, un jour j'ai compté 700 personnes présentes dans cette salle et soyez-en sûrs, les nations étrangères n'enverront qu'un seul délégué ou deux au plus.

Puis, si la salle du Commerce ne vous convient pas, il y en à d'autres, dans Paris, qui coûteront bien moins cher que le Cirque d'Hiver.

Pinel. — On pourrait trouver un biais pour avoir des ressources plus élevées et voici comment : En 1900, il n'y aura pas que le Congrès international, il y aura aussi l'Exposition.

Or, pour l'Exposition presque toutes les municipalités vont envoyer des délégués, et leur paieront le voyage et le déplacement, ce qui fait que les camarades pourront, de ce fait, réaliser une économie en venant au Congrès. Si vous pensez que j'ai raison, on pourrait forcer la cotisation habituelle : au lieu de un franc, par exemple, en mettre cinq. Pour la salle, ce n'est pas nous, qui sommes en province, qui pouvons savoir quelle est celle qui devra être choisie, c'est une question de détail qui devra être vidée par les camarades de Paris.

Si, par exemple, le Congrès était fixé au 15 septembre, eh bien! nous, camarades toulousains, qui seront délégués pour l'Exposition, nous partirions le 12 ou le 13 et nous serions à Paris pour le Congrès.

Guérard. — Au lieu de verser un franc de cotisation il faudrait en verser cinq ou dix. Une organisation qui ne pourrait pas verser cinq ou dix francs tous les ans est un syndicat qui n'a pas beaucoup de force, qui ne possède pas un grand nombre de membres. Il faut élever le chiffre de la cotisation. Je propose dix francs par an.

Le Président. — Sur la proposition qui m'en est faite, je vais mettre aux voix les résolutions de la Commission.

Adoptées.

Le Président. — La proposition du camarade Majot, qui a été lue et qui tend à décider qu'il n'y aura pas de Congrès en 1898, va être mise aux voix.

Plusieurs voix : Pas encore !

Majot. — Et si un Congrès a lieu, dans quelle ville ?

Groq explique dans quelles conditions la ville de Grenoble pourra consentir à organiser le Congrès dans cette ville.

Besset. — Je suis d'avis qu'on tienne un Congrès tous les ans.

Laurent. — Il ne faut pas oublier que l'année prochaine ont lieu les élections législatives et que la plupart d'entre nous prennent part à la lutte. Il faut songer à prendre les mesures nécessaires pour que ce que je fais observer ne puisse être la cause que le Congrès, s'il a lieu, se trouve amoindri. Il faut de l'union dans l'action.

Majot. — Je suis partisan des Congrès annuels, mais j'estime que pour l'année prochaine il faudrait faire une exception. Il faut bien donner au Conseil fédéral le temps de s'organiser ! C'est qu'il y a beaucoup à faire pour décider comment on recevra les délégués en 1900. Il y a aussi une grande propagande à préparer. Nous ne sommes pas des fumistes.

Le Président met aux voix la proposition suivante, du camarade **Thierrard.**

Les délégués du Congrès de Toulouse décident de laisser le soin à chaque Organisation corporative de faire un Congrès corporatif de leur industrie.

En outre, par suite des résultats obtenus dans le cours des assises qui viennent d'avoir lieu dans la ville de Toulouse, ils décident de tenir un Congrès confédéral de toutes les corporations, pour l'année 1898, à seule fin de recueillir les résolutions prises à Toulouse.

THIERRARD.

Je propose que le Congrès corporatif n'ait lieu en 1898 que si la majorité des Organisations adhérentes à la Confédération le demande en temps utile pour en permettre l'organisation.

L. RIOM.

Hamelin consulte l'assemblée pour savoir si le Congrès de 1898 doit avoir lieu.

Le Congrès se prononce pour l'affirmative.

Le Congrès aura lieu.

Le Président. — Reste à indiquer dans quelle ville.

Besset. — Au nom de Lyon, je demande que le Congrès ait lieu à Grenoble ; nous ferons toute propagande pour cette ville.

Le Président. — Je mets aux voix la proposition suivante, du camarade Laurent.

1º Nous proposons que les Congrès n'aient lieu que tous les deux ans ;

2º Et demandons, en outre, que le prochain Congrès ait lieu à Grenoble, ville choisie par le Congrès des Bourses et acceptée par le délégué de cette ville.

E. LAURENT, SEIGNÉ.

Première partie, repoussée ; deuxième partie, adoptée.

Le Congrès aura lieu à Grenoble en 1898.

Guérard propose de décider que les Organisations paieront un droit de 10 fr.

Groq. — J'estime que 5 fr. ce serait suffisant ; si vous mettez un droit plus élevé, vous n'aurez pas d'adhésions. La théorie est jolie, mais il faut tenir compte de la pratique. Dix francs, ça donne à réfléchir ; je parle comme membre de la Commission d'organisation et j'ai vu ce qui s'est passé ici.

Coignard. — Moi qui représente 19 Syndicats, je déclare que ce serait trop demander que de fixer la cotisation à 10 fr.

Laurent. — Dans les Syndicats qui nous ont envoyé ici, on ne reculera pas devant 5 fr. de plus. Je me rallie à la proposition Guérard parce qu'elle est juste.

Renaudin demande la mise aux voix de la proposition suivante :

Création d'une caisse à la Confédération pour l'organisation du Congrès international de 1900 ; pour cette caisse, on fera appel aux Organisations et on ne demandera que la somme de un franc pour le Congrès de Grenoble, comme pour celui de Toulouse.

RENAUDIN.

Cette proposition est repoussée.

Riom. — En imposant les syndicats adhérents aux Congrès nationaux vous leur faites payer à eux seuls les prix du Congrès international auquel adhéreront un grand nombre de ceux qu'on ne voit pas ici et pour lesquels nous paierons. Pourquoi ne pas les imposer également ?

Sur la proposition des camarades **Briat** et **Riom**, le Congrès décide que tous ceux qui seront adhérents au Congrès national devront payer une somme quelconque.

Le chiffre est fixé à 5 francs. — Adopté.

Hamelin. — Ça n'empêchera pas ceux qui voudront donner 10 fr. de le faire.

Le **Président** met ensuite aux voix la proposition suivante :

Nous proposons que le Conseil national envoie au Congrès corporatif les principaux livres de comptabilité de la Confédéraration afin de les soumettre au contrôle des Organisations adhérentes à la Confédération.

MOYSE, COIGNARD.

Adopté.

Hamelin donne lecture de la proposition Capjuzan, qui est adoptée.

La parole est donnée au camarade **Fournier** pour la lecture du rapport de la 9me Commission :

RETRAITE POUR LA VIEILLESSE
Projet de Loi Escuyer

D'accord sur le principe de la retraite pour la vieillesse, nous avions à examiner les moyens qui pouvaient assurer la création d'une caisse de retraites pour la vieillesse.

Plusieurs rapports, très étudiés, ont été déposés : Par la Chambre syndicale des Porteurs et Employés de journaux, la Fédération des Coupeurs et Brocheurs en chaussure de France, la Fédération des Travailleurs municipaux de Paris, par le Syndicat des Omnibus et par le délégué des employés de Journaux.

La Commission était également en possession du projet de loi Escuyer.

Tout d'abord, la majorité de la Commission fut d'avis, en principe, qu'il n'y avait pas lieu de soumettre aux discussions du Congrès le projet de loi de M. Escuyer. Elle estime que ce serait faire une injure aux Travailleurs que de les supposer incapables de traiter eux-mêmes les questions qui les intéressent. Dans un Congrès ouvrier, seuls les Travailleurs syndiqués ont le droit de faire des propositions et de les soumettre aux délibérations.

Toutefois, pour étudier une question quelle qu'elle soit, il est bon, nécessaire, indispensable même, de s'entourer de tous les documents qui peuvent aider à cette étude.

C'est pour cela que tout en examinant les projets présentés par les Chambres syndicales, nous avons également étudié le fonctionnement des caisses de retraites existantes dans les chemins de fer et administrations de l'Etat (notamment les Tabacs), dont le délégué nous a fourni les règlements. Nous avons en même temps examiné l'étude de M. Escuyer, de même que nous aurions également compulsé toutes les études sur la question qui auraient pu nous être remises.

De la discussion entre les membres de la Commission, il résulte que le projet de loi Escuyer ne peut retenir l'attention des Travailleurs; ses solutions sont impraticables, ou plus exactement d'une exécution excessivement lente.

Le système qu'il préconise ne peut donner satisfaction immédiate au prolétriat. En effet, pour trouver des ressources, M. Escuyer met le Parlement dans la nécessité de faire non pas une loi, mais plusieurs lois pour chacune des ressources qui lui paraissent nécessaires : l'impôt sur le revenu, le droit sur les successions, la conversion de la rente, etc., sont autant de questions que la Chambre a examinées, qu'elle n'a pas résolues et qui demandent autant de projets de loi. On comprend le temps énorme qu'il faudrait, dans ces conditions, pour aboutir enfin à la création d'une caisse de retraites pour les Travailleurs.

Ce ne sont pas là les seules critiques que nous avons à formuler contre le projet.

La participation patronale qu'il demande est un leurre, attendu que sous une forme quelconque le patronat la fera supporter aux salariés qu'il emploie, à moins qu'un minimum de salaire soit établi par une loi.

Le contrôle de la participation patronale sera bien souvent rendu difficile, dans certaines professions, notamment le Bâtiment, en raison des embauchages et débauchages permanents et des chômages périodiques.

Le projet Escuyer demande aussi la participation des ouvriers pour la constitution de la caisse des retraites. Nous ne pouvons l'admettre, car les salaires étant généralement basés sur les besoins stricts de l'existence, il est impossible à la plupart des Travailleurs d'en distraire une partie, si modique soit-elle.

Et puis, M. Escuyer croit-il qu'on puisse user de moyens coercitifs contre les ouvriers qui ne pourraient verser? Ma dernière critique enfin : Les salaires étant presque toujours insuffisants pour vivre convenablement, peut-on admettre que lorsque le travailleur épuisé ne pourra plus produire, ses ressources se trouvent brusquement réduites à un chiffre bien au-dessous de son salaire?

Nous n'avons pas jugé utile de nous étendre davantage sur ce projet, attendu que chaque Organisation en possède un exemplaire et qu'elle a dû, elle-même, en faire la critique.

Malgré ces raisons, le citoyen Soulery, délégué de la Bourse du Travail d'Alger, a soutenu, avec beaucoup d'énergie, le projet de loi Escuyer et a demandé, au nom de la minorité, que les considérants ci-après figurent dans notre rapport :

« Le Congrès, considérant que la solution de la question des retraites ainsi que celle relative aux soins médicaux et indemnités en cas de maladie est d'extrême urgence, qu'il importe en effet d'assurer dès à présent le pain des travailleurs des deux sexes, âgés, infirmes ou malades, sans préjudice des améliorations que les réformes ultérieures de l'état social pourront apporter à leur situation actuelle,

« Le Congrès décide :

« 1° D'approuver le projet Escuyer sur les retraites ouvrières et secours en cas de maladie;

« 2° De demander à tous les candidats aux prochaines élections législatives l'engagement formel et sans réserve de voter le projet. »

Nous avons donné l'opinion de la majorité de la Commission, qui est en contradiction avec celle émise par le délégué d'Alger. Au Congrès de se prononcer.

En ce qui concerne la constitution de pensions de retraites que les travailleurs ont le droit légitime de revendiquer, nous présentons au Congrès les résolutions suivantes :

Considérant que l'employeur (que ce soit un patron, la ville, le département ou l'Etat), ayant seul profité du travail de ses employés, doit seul supporter la dépense nécessaire, pour leur constituer une pension de retraite;

Attendu que cette obligation imposée au patronat pourrait avoir sa répercussion sur les salaires, comme l'aurait été également d'ailleurs l'impôt sur le revenu, *il y a lieu d'établir un minimum de salaire;*

Considérant aussi que l'allocation d'une retraite aux travailleurs diminuera sensiblement le budget des prisons et de l'assistance publique,

Le Congrès décide :

1° Les travailleurs ont droit à une pension de retraite suffisante pour assurer leurs besoins;

2° Chaque année, il sera inscrit au budget des dépenses de l'Etat la somme nécessaire pour assurer le service de ces pensions ;

3° Le budget des recettes fera état des sommes qu'à cet effet devront verser les employeurs. Ces sommes seront en proportion du temps pendant lequel ils auront occupé l'employé ;

4° *Il sera établi un minimum de salaires.*

Il est évident que nous proposons ces résolutions à titre transitoire, convaincus que le régime capitaliste s'oppose par sa nature même à toute réforme sérieuse et que dans une société bien organisée, la répartition de la production sera faite de manière à assurer tous les besoins de ceux qui peuvent et doivent produire, comme de ceux (enfants, invalides ou vieillards), qui ne le peuvent pas et ont le droit absolu de vivre confortablement.

Le *Rapporteur,*

Fournier.

Le Président, sur le conseil de plusieurs membres, consulte le Congrès, afin de savoir si le projet Escuyer doit être mis en discussion, étant donné qu'il y a plusieurs délégués qui demandent de ne pas s'en occuper.

A ce sujet, le **Président** lit la proposition suivante :

Pour le vote sur le projet Escuyer : Retraites ouvrières, nous demandons l'appel nominal.

Ch. Soulery, A. Neyron, J. Lemaitre, J. Gandon, Bouyer, L. Rigot, A.-H. Dumas, J.-B. Bénézech, E. Laurent, N. Richer, H. Neau, Louis Meyer, J. Rollan.

Par 107 voix contre 95 et 3 abstentions, le Congrès décide que le projet doit être discuté.

La discussion étant déclarée ouverte, la proposition suivante est mise aux voix :

Nous proposons que les délégués ayant voté pour ne pas entrer en discussion sur le projet de retraite ouvrière ne puissent prendre la parole.

SEIGNÉ, RENAUDIN, COIGNARD, NAUZE, BOURGES, H. NEAU, BOUYER, RIGAUD.

Cette proposition est repoussée.

Guérard tient à déclarer qu'il ne prendra pas part aux votes.

Soulery, ayant obtenu la parole, dit : Il ne faudrait pas croire que si Alger est l'auteur de la proposition mise à l'ordre du jour, il veuille imposer quoi que ce soit aux membres du Congrès. Mais, ce que nous croyons devoir faire, c'est développer dans la masse des travailleurs nos théories.

En Algérie comme en province, aussi probablement, nous ne nous occupons pas des individualités, nous ne faisons pas de la politique militante, nous prenons tout ce qui nous semble bon dans une proposition.

Peu nous importe que la proposition vienne d'un côté ou de l'autre. Si je parle ainsi, c'est pour bien faire comprendre que si je me fais le défenseur du projet de M. Escuyer, que nous ne connaissons ni d'Eve ni d'Adam, c'est parce qu'il nous a semblé contenir d'excellentes choses et que ce projet a rencontré la majorité des Travailleurs pour l'approuver. Ce projet, en effet, leur fait comprendre à eux, qui ont l'esprit simpliste en général, qu'une fois qu'ils auront bien peiné, à l'âge de 50 ans ils pourront jouir d'une modeste retraite.

Je sais bien que ce n'est pas possible de discuter ici tous les articles du projet comme il conviendrait de le faire, mais il suffit qu'il ait rencontré la sympathie des Travailleurs, que comme eux nous devons considérer que si le projet est adopté ce sera une restitution aux Travailleurs du budget national qui, vous le savez, est alimenté par eux.

Il s'agit, aujourd'hui, d'une question d'intérêt général visant les Travailleurs; plusieurs projets ont été élaborés, tous demandaient au moins une trentaine d'années pour être mis en exécution et, de plus, ils n'offraient pas les mêmes intérêts que le projet de loi Escuyer. Ce projet, croyez-le bien, a du bon et les Travailleurs l'ont compris;

aussi, je voudrais que le Congrès se prononce d'une manière
formelle. La base du projet est excellente. Cette restitution
du budget national aux Travailleurs, qui fournira aux Travailleurs malades une somme de..... par jour, pour leur
permettre de se soigner et d'acheter un morceau de pain,
ne peut qu'être acceptée.

Nous ne nous occupons pas de M. Escuyer, nous nous
moquons de lui comme du premier venu, mais comme nous
prenons le bien de n'importe quel côté qu'il vienne, dans ce
projet se trouve du bon, nous nous en emparons. Oui, le
projet Escuyer a gagné la sympathie des Travailleurs. A
l'aide d'une petite brochure qu'il a répandue à profusion dans
la France entière et aussi à l'aide de conférences qu'il a
faites dans une foule de syndicats où son système a été
discuté, il a pu se convaincre qu'il touchait à son but, qu'il
était compris des Travailleurs et que tous ceux qui l'avaient
écouté ne désiraient qu'une chose, voir le projet aboutir.

Le camarade **Maison**. — Le Congrès se déjugerait s'il
votait ce qui lui est demandé. Ce projet, nous l'avons étudié
et il est absolument impraticable, avec le gouvernement actuel
surtout.

Et puis, je voudrais bien voir M. Escuyer lui-même nous
dire comment il s'en sortirait pour pouvoir vivre avec 400 fr.
par an.

J'ai reçu mandat de voter contre le projet et de le combattre
s'il se trouvait ici des partisans du projet. Je fais mon devoir.
Le système que le camarade Soulery recommande n'est pas
du tout pratique. Il a bien parlé de restitution du Budget
national au Travailleur, mais c'est un trompe-l'œil, ce sera
toujours nous, toujours l'ouvrier, qui aurons à supporter la
charge produite par les versements et non les patrons.
C'est comme l'impôt sur le revenu ! N'est-ce pas nous qui le
paierons ?

Ce projet mérite d'être mis de côté. Les systèmes qu'il préconise pour alimenter la caisse ne sont pas pratiques, alors
qu'il y a tant de moyens possibles à employer si on le voulait
bien, pour se procurer de l'argent. Je veux parler des réformes à faire, ainsi par exemple : La suppression du budget
des cultes, la suppression d'environ 400 sous-préfectures, la
suppression d'une multitude de magistrats inutiles ; tout cela,
direz-vous, est radical ; c'est vrai, mais ce ne serait que justice
de le voir s'accomplir. Voyez l'armée, qu'y fait un soldat,

après un an de service ? Pas grand'chose, il s'y embête et coûte de l'argent. Or, nous cherchons de l'argent, en voilà tout trouvé. Il y a aussi l'impôt sur les successions, mais celui-là, vous vous déjugeriez si vous le votiez.

Eh bien ! croyez-vous qu'avec toutes les ressources que je viens de signaler nous ne pourrions pas donner plutôt une bonne retraite aux Travailleurs qu'avec le projet Escuyer ! Je vais plus loin : Supposez qu'on vous l'accorde, que demanderez-vous après ? Vous ne pourrez plus rien obtenir, on vous enverra promener et il faudra recommencer une lutte. Je voterai contre le projet.

Guérard. — Le camarade a raison. Si le projet était voté on ne manquerait pas de dire : « Vous l'avez voté dans un Congrès d'ouvriers, c'est qu'il vous avait semblé praticable et bon; c'était à vous de ne pas le demander, vous avez tort de vous plaindre. » Il y a plusieurs projets qui sont préférables à celui de M. Escuyer. Il en existe même avec lesquels il est possible de percevoir 1,200 francs à l'âge de 55 ans, tandis qu'il faut avoir 60 ans pour ne toucher que 400 francs avec celui d'Escuyer, c'est-à-dire qu'il faut, pour pouvoir en profiter, être à la veille de casser sa pipe et, comme vous le savez, tous n'y arrivent pas.

Les Compagnies de chemins de fer ne demandent pas mieux que ce projet passe, les grandes Compagnies non plus, parce qu'elles diront à leurs employés : « Nous vous donnions 800, 900 francs de retraite, mais maintenant nous ne vous accordons plus rien, puisque le gouvernement vous fait une retraite. »

Seigné. — Le projet de loi dont il s'agit est en grande partie l'œuvre de Manoury, qui est employé chez Escuyer lui-même. (Bruit).

Tout à l'heure, on nous a dit qu'il y avait trois projets déposés à la Chambre en ce moment.

J'ignore si vous avez étudié celui de Constans, mais j'affirme qu'il ne constitue qu'une vaste fumisterie et c'est un projet qu'il faut combattre par tous les moyens.

Le projet Escuyer a déjà subi une foule d'amendements, vous pouvez vous-même l'amender encore, mais au moins, ne rejetez pas brutalemet un projet qui a pour but d'obtenir une pension de retraite aux ouvriers. Il faut créer de l'agitation et saisir toutes les occasions propices pour arriver à faire la Révolution sociale.

Majot. — Nous considérons que ce ce projet est une vaste fumisterie. Avec la société actuelle, tant que l'ordre économique n'aura pas disparu, il est matériellement impossible de faire admettre un projet quelconque par les bourgeois.

Les auteurs de projets de ce genre ne se servent de çà que comme tremplin électoral et si nous adoptions le projet Escuyer ou tout autre de ceux déposés, je dis que le Congrès ferait le jeu des politiciens. Il nous faut, au contraire, lutter contre les bourgeois et ne pas les aider; ils sont tous nos ennemis. Tout ce qu'ils peuvent faire miroiter à nos yeux n'est que fumisterie et duperie. Je demande le rejet du projet.

Delesalle. — Il est dit dans le projet que les travailleurs verseront 1 franc par mois et les patrons 1 fr. 50. Ce sera toujours l'ouvrier qui paiera. Or, que les camarades qui veulent faire des économies en fassent, ils tiendront au moins toujours leur argent.

Renaudin, au nom de la Fédération des Cuirs et Peaux, dit qu'il a mission de voter le projet Escuyer et de demander des modifications.

Un Camarade. — Si ce projet était adopté, il y aurait à peine dix travailleurs sur sept mille, comme dans mon Syndicat, qui profiteraient de la retraite.

Guérard fournit quelques explications sur un nouveau projet qui vient d'être préparé et duquel tireront de grands avantages les travailleurs de chemins de fer. Lecture est donnée de certains paragraphes du projet.

Soulery. — Il est regrettable que nous n'ayons pas tous eu ce projet sous les yeux, nous en aurions tiré de bonnes choses.

Fournier, rapporteur de la commission, répond aux divers camarades qui ont pris la parole et maintient les conclusions de son rapport.

Il ne faut pas faire le jeu des adversaires politiques, de ceux qui sont contre la classe ouvrière. Qu'on ne puisse pas dire que dans ce Congrès nous avons fait de la politique rétrograde. Et, remarquez que les effets ne tarderaient pas à se faire sentir; dans quelques jours, Mesureur va faire une grande conférence et il ne manquerait pas de dire : « Vous voyez, nous sommes avec les Congrès nationaux, etc., etc. »

Le Président donne lecture des divers ordres du jour qu'on lui a fait parvenir.

Les délégués des Chambres Syndicales, réunis au Congrès de la Confédération, dans la ville de Toulouse, après avoir entendu les discussions sur le projet de loi Escuyer, décident de repousser ledit projet parce qu'il ne donne aucune satisfaction à la classe ouvrière, attendu qu'aujourd'hui les travailleurs se trouvent dans l'impossibilité de vivre, par suite de la rétribution minime qui leur est accordée.

Les délégués considèrent que ce projet serait, en quelque sorte, une diminution détournée des salaires actuels.

THIERRARD.

Sur le projet de loi Escuyer, je déclare voter pour au nom des dix-sept Organisations que je représente.

BOURGES,
Délégué de Rennes.

Au nom des Organisations que nous représentons, nous demandons que sur la 12ᵉ question : Retraites pour la vieillesse, l'on passe, pour le projet Escuyer, à l'ordre du jour pur et simple.

E. GRENTZEL, GALANTUS, Eug. REISZ,
DELESALLE, BRAUN, ROGER, E. POUGET,
PACOTTE, THIERRARD, NARCISSE, BER-
NADAC, GIRARD.

L'Union des Métallurgistes de l'Oise propose l'ordre du jour suivant sur le projet Escuyer :

Le Congrès confirme ses décisions antérieures, c'est-à-dire qu'une loi de retraite pouvant subvenir à ses besoins soit fournie à tous les Travailleurs, sans distinction de sexe, à l'âge de quarante-cinq ans et que tous les invalides du travail, quel que soit leur âge, soient à la charge de la société. Les législateurs ayant charge des intérêts généraux des habitants, le Congrès les laisse responsables de la situation.

MAJOT.

Considérant que le projet de loi Escuyer sur les caisses de retraite pour la vieillesse est une atteinte portée aux droits de la révolte du Travailleur vis-à-vis du patronat, ainsi que vis-à-vis du Gouvernement qui cherche toute espèce de palliatif pour mystifier les Travailleurs, leur laissant croire qu'il s'intéresse à leurs intérêts, par ces motifs, rejette purement et simplement ledit projet de loi.

BERNADAC.

Estimant que le projet de loi Escuyer est basé sur le mode parlementaire pour aboutir et que tous les autres projets que l'on peut préconiser sont également basés sur le parlementarisme, à preuve qu'il est patronné par Camille Pelletan, parce qu'il ne peut en être autrement, le Congrès décide d'abandonner tout projet de retraite et de faire aboutir par tous les moyens en son pouvoir la Révolution sociale, qui nous donnera une retraite par les biens que l'on prendra aux exploiteurs.

GROQ.

La Fédération nationale des Cuirs et Peaux reconnaissant le projet Escuyer comme un des plus avantageux dans la société actuelle, l'accepte avec la modification et l'adjonction suivantes :

1° Que l'âge de soixante ans soit baissé à cinquante ans;

2° Que la ménagère aie droit à la retraite comme l'ouvrière qui fut salariée et que sa cotisation soit payée par l'Etat.

RENAUDIN.

Je m'abstiens, le vote ayant une suprématie sur mon mandat au Congrès.

BESSET.

Le Congrès déclare que les délégués composant ces assises du Travail étaient exclusivement chargés d'étudier et de résoudre les questions économiques en même temps que d'indiquer au Comité de la Confédération générale du Travail la conduite à suivre pour que les résolutions prises par le Congrès puissent aboutir. Il déclare en outre qu'aucun parti politique ne peut avoir la prétention qu'il a été l'inspirateur des résolutions prises. Le Congrès, par avance, par la présente déclaration, déjoue les menées politiques qui essaieraient de se prévaloir des résolutions qui ont été adoptées pour leur propre propagande.

DANFLOUS.

Le Congrès adopte.

Pour la mise aux voix, la priorité est donnée aux conclusions de la Commission.

Ces conclusions étant adoptées, le Congrès décide que le projet de loi Escuyer étant rejeté, il n'y pas lieu de mettre aux voix les ordres du jour.

Le camarade **Hamelin**, président, se fait l'interprète de tous les délégués pour remercier les membres du Comité d'organisation et du bureau, du dévouement dont ils ont fait preuve pendant la durée du Congrès.

Il prononce ensuite la clôture du Congrès et la séance est levée aux cris répétés de : Vive la Révolution sociale.

LE CONGRÈS CORPORATIF

A LA

VERRERIE OUVRIÈRE D'ALBI

La déclaration du citoyen Hamelin venant annoncer au Congrès, à l'issue de sa séance de mardi soir, qu'en présence des commandes de jour en jour plus nombreuses à la Verrerie Ouvrière d'Albi on va construire un ou peut-être deux nouveaux fours a été accueillie au milieu d'un heureux enthousiasme par plusieurs salves d'applaudissements.

En conséquence, le Congrès décida à l'unanimité de se transporter en corps et officiellement, le lendemain mercredi, 22 septembre, à la Verrerie Ouvrière.

Départ

Les Congressistes s'étaient réunis à 1 heure de l'après-midi, dans la cour de la gare Matabiau, ayant au milieu d'eux le drapeau de l'Union des syndicats ouvriers de Toulouse, confié à la garde du dévoué camarade Groq, entouré des membres de la Commission d'organisation des Congrès.

Trajet

L'allégresse générale qui avait présidé au départ grandit encore davantage durant tout le trajet. Les chansons républicaines révolutionnaires se firent entendre de Toulouse à Albi, s'envolèrent à travers la campagne, par endroits chargée de pluie.

Notamment aux stations de Saint-Sulpice, Gaillac, Tessonnières, Marsac, les chants socialistes se firent particulièrement entendre. Les cris de : « Vive la République sociale! Vive la Révolution! » alternaient avec les couplets de la *Carmagnole*.

Arrivée

A la gare d'Albi, une délégation de verriers reçoit les Congressistes, auxquels le citoyen Hamelin les présente.

De bonnes poignées de main sont échangées. On se groupe l'air fier et heureux. Massés dans la cour de la gare, on crie plusieurs fois : « Vive la Révolution sociale! » et, drapeau déployé, on se rend à l'usine.

De la gare à la Verrerie

Précédé et suivi de deux encombrants policiers, le cortège traverse toute la ville au milieu d'une tranquillité remarquable. La gendarmerie ne s'étant pas avisée de faire courir ses malsaines bottes, tout se ressent d'un calme parfait. C'est ainsi que dans la puissance paisible de sa manifestation le grand Congrès corporatif a fait son entrée dans la Verrerie Ouvrière.

A la Verrerie

Renard, administrateur de la Verrerie, souhaite ainsi la bienvenue aux membres du Congrès :

« CITOYENS,

« Ici vous êtes chez vous et c'est avec un sentiment profond de reconnaissance que j'ai l'honneur et le bonheur de vous souhaiter la bienvenue sur le terrain de l'émancipation des travailleurs.

« Vous avez souvent entendu parler de la Verrerie Ouvrière. Vous allez la voir fonctionner tout à l'heure et vous verrez que tous vos efforts n'ont pas été faits en vain.

« Vous transmettrez votre impression et nos sincères remerciements à tous vos camarades et vous pourrez leur affirmer que tout ce qu'ils ont fait pour nous

aider, pour donner du pain à nos enfants, n'a pas été
fait à des ouvriers qui ne le méritaient pas.

« Vous allez pouvoir constater que nous travaillons
avec ardeur et que nous sommes décidés à combattre
nos adversaires jusque dans leurs derniers retranche-
ments.

« Au nom du Conseil d'administration,

« Au nom des ouvriers verriers,

« Soyez les bienvenus.

« Vive la Verrerie Ouvrière ! »

Au milieu des applaudissements nourris qui éclatent
de toutes parts, les mains s'étreignent fraternellement
et toutes les bouches répètent ce cri de : « Vive la Verrerie Ouvrière! »

Après le citoyen Renard, le camarade Hamelin
s'avance et dit :

« Citoyens,

« Je me permets d'ajouter quelques mots à ce que
vient de dire le camarade Renard.

« Si nous avons tenu et désiré à voir se rendre ici
les délégués qui assistent au Congrès de Toulouse,
c'est parce que nous sommes heureux de pouvoir vous
prouver que les sacrifices faits par le Prolétariat sont
en bonnes mains.

« Ce que vous allez constater vous-mêmes sera la
meilleure réponse aux critiques des journaux réactionnaires et gouvernementaux. »

Des bravos répétés saluent ces bonnes paroles.
Ensuite a eu lieu la visite de l'usine, au milieu du con-
tentement général que la joie particulière de chacun
traduisait vite en un vif enthousiasme.

La Visite

Avec une véritable satisfaction, les Congressistes ont
pu constater l'activité qui règne à la Verrerie. Ils s'en
sont donné à cœur-joie de souffler des bouteilles et de
s'amuser à faire éclater des *pétrelles* dans la main. Le
camarade Briat met en jeu, à différentes reprises, son
instantané; et voilà comment plusieurs photographies

reproduisent le souvenir d'une aussi agréable journée. Entre autres groupes, les délégués ont été photographiés massés au pied de la monumentale cheminée.

Les Souvenirs

Les Verriers avaient eu l'heureuse idée de réunir tous les objets dont ils pouvaient disposer, pour que les Congressistes puissent emporter un souvenir matériel de cette visite dont l'importance et le charme étaient également puissants.

Aussi, au retour, on pouvait les voir s'embarrasser au milieu de fragiles cannes, encriers, porte-plumes, sphères, jolies gargoulettes, entonnoirs, porte-cigarettes, d'un travail exquis.

Ces souvenirs ont été acceptés avec le plus grand plaisir; les porte-cigarettes, d'une bizarrerie plaisante, ont eu un succès mérité.

Le Banquet

De la Verrerie, le cortège s'est ensuite dirigé vers le café Richelieu où devait avoir lieu le banquet.

Ce banquet était présidé par le camarade Hamelin, délégué du Conseil d'administration de la Verrerie ouvrière à Paris.

Comme pendant le trajet de Toulouse à Albi, durant tout le repas, admirablement bien servi, les chants n'ont pas discontinué.

Nous devons mentionner particulièrement à ce banquet les délégués de Toulouse, dont la gaieté exhubérante et la folie aimable ont maintenu la joie générale et provoqué, à plusieurs reprises, de nombreux applaudissements. Parmi eux, les camarades Marius Pinel, Paulin Groq, Charles Bousquet, ont formé un trio de boute-en-train inimitable.

Tout le répertoire toulousain s'est fait entendre pour le plus grand ébahissement des Congressistes parisiens qui ne pouvaient suivre le patois du pays dans ses extravagances et ses subtilités de langage.

Paulin Groq ouvre le feu des toasts en buvant à la santé et à la prospérité de la Verrerie ouvrière et il engage les camarades à casser le plus grand nombre possible de bouteilles, pour affirmer d'une façon matérielle et pratique cette prospérité émancipatrice.

Vers le milieu du repas, une délégation des ouvriers mineurs d'Albi fait son entrée.

Tout le monde se lève et accueille ces amis par le cri répété de : « Vive la Révolution sociale ! »

Au dessert, une délégation des verrières d'Albi est présentée aux délégués. La figure réjouie, les soucis de la journée de travail loin de leur âme contente, elles se sont avancées sur une estrade placée au fond de la salle, et au milieu de bravos multiples, des feux de Bengale, elles ont entonné, avec un accord parfait, leur chanson favorite *La Verrerie Ouvrière*. Ce, pendant que le camarade Briat, avec un à-propos plein d'esprit, braquait encore une fois son instantané.

Les Discours

Bien qu'il ait été dit que des discours ne seraient pas prononcés, plusieurs délégués ont tenu à donner libre cours aux bons sentiments dont ils étaient animés à l'égard des braves ouvriers de l'Usine ouvrière.

Plusieurs orateurs ont donc pris la parole en faveur de la Verrerie.

Voici les principaux : HAMELIN, BRIAT, RENARD, PINEL, POUGET.

Hamelin

« Camarades, il ne sera pas fait de discours, et ce n'est pas pour ne pas tenir compte de cette déclaration que je monte à la tribune.

« Seulement, il me semble que devant la manifestation grandiose à laquelle nous assistons aujourd'hui, on ne peut faire différemment que de dire quelques mots.

« Je puis affirmer pour mon compte et au nom du Conseil d'administration de la Verrerie ouvrière, que tout ce qui s'est passé dans cette inoubliable journée nous console beaucoup de toutes les critiques réactionnaires qui ne nous ont pas été ménagées. Aussi, je suis heureux de pouvoir dire que j'ai la conviction que, rentré chez vous, lorsque vous serez en présence des calomnies dont la Verrerie est victime, vous vous ferez tous les défenseurs des braves ouvriers de cette usine. *(Applaudissements prolongés.)*

« J'ai une bonne nouvelle à annoncer au personnel de l'usine en lui apprenant que, dès maintenant, nous nous occupons de construire un troisième four et peut-être un quatrième, ce qui nous permettra de donner du travail à un plus grand nombre d'ouvriers.

« Vous avez pu constater, camarades de l'Usine, que tout le Prolétariat avait les yeux sur vous et que tous les délégués ont été on ne peut plus heureux d'être admis à vous voir à l'œuvre.

« Vous n'avez qu'à continuer à marcher dans la voie que vous suivez, vous serez soutenus.

« Je termine en disant qu'un citoyen qui désire que son nom ne soit pas prononcé, fait cadeau à la Verrerie ouvrière de 5,000 litres de vin, afin que tout le monde puisse boire à la santé de la Révolution sociale. » *(Nouveaux applaudissements prolongés.)*

Briat

Ce camarade, en quelques paroles bien senties, bien pesées, pour rappeler la propagande faite au Syndicat des Mécaniciens en précision de Paris et celle faite aussi en province pour aider les ouvriers Verriers, a su se faire applaudir vigoureusement et il l'a été surtout lorsqu'il a déclaré que l'argent nécessaire pour continuer le troisième four était tout trouvé.

Pinel

Le citoyen Marius Pinel, de Toulouse, monte à son tour à la tribune et engage l'assemblée avec beaucoup d'énergie, et principalement les délégués étrangers, à faire une propagande active pour parachever la vente des tickets de la Verrerie dont la moitié seulement a été écoulée.

Renard

« L'Usine, a dit le camarade Renard, qui s'adressait aux ouvriers, ne vous appartient pas. Elle appartient à tout le monde et c'est pourquoi, nous trouvant tous intéressés à voir prospérer l'Usine, nous vous aiderons sans cesse. »

Pouget

A la satisfaction générale, le citoyen Pouget vient parler sur l'entente nécessaire entre tous les travailleurs syndiqués, entente dont la Verrerie Ouvrière lui a donné un magnifique exemple, et entente particulièrement indispensable, afin que l'œuvre d'émancipation prolétarienne ne puisse jamais être entravée par les intrigues politiciennes et réactionnaires.

La Séparation

Après ces quelques discours, on a chanté, et la séparation paraissait à ce point si pénible, que les vaillants verriers d'Albi voulaient à toute force aller quérir les musiciens, afin de terminer cette soirée dans un grand bal joyeux.

Départ pour Toulouse

Le moment du départ a été particulièrement émouvant. Massés sur le quai de la gare, les verriers d'Albi agitaient les mains et saluaient leurs frères de travail, lesquels, déjà installés dans le train, groupés aux portières, répondaient à leurs salutations et à leurs vivats par des cris vibrants de : « Vive la Révolution sociale ! Vive l'émancipation ouvrière! »

RÉUNION PUBLIQUE

Le Congrès a été clôturé par une grande et brillante réunion publique donnée au bénéfice des grévistes de Nevers et de la Bourse du Travail de Tours, dans l'amphithéâtre de l'ancienne Faculté des Lettres, rue de Rémusat.

Les orateurs : HAMELIN, de la Fédération du Livre; CHIRON, des Travailleurs de Brest; GUÉRARD, des Chemins de fer; BESSET, du Conseil local lyonnais; BRIAT, du Syndicat des ouvriers en Instruments de précision de Paris; SOULERY, d'Alger; LAURENS, de Nevers; MEYER, de l'Alimentation parisienne; QUILICI, membre du Conseil municipal de Marseille; CAPJUZAN, des Cordonniers de Paris; BÉNÉZECH, de Montpellier, ont développé avec succès les revendications adoptées par les différents Congrès tenus à Toulouse et ont fait appel à l'union entre tous les prolétaires pour que l'émancipation des Travailleurs par les Travailleurs eux-mêmes, soit une chose accomplie.

Bureau

Le citoyen GROQ (employé de commerce de Toulouse), ouvre la séance en demandant à l'Assemblée de vouloir bien constituer un bureau.

Sont acclamés :

Président : BÉNÉZECH (Montpellier), comme doyen d'âge.

Assesseurs : BRAUN (Paris, Métallurgie); TEISSÈDRE (Vierzon, Syndicats du Cher).

Secrétaire : CORMIÈRE (Toulouse).

Le président donne tour à tour la parole aux différents orateurs inscrits :

Hamelin

Hamelin réfute principalement, au cours de son discours, les ignobles calomnies lancées par les journaux réactionnaires de la cité contre la grandiose manifestation d'Albi, où quatre-vingt-quinze délégués des divers points de la France socialiste travailleuse étaient venus témoigner aux vaillants verriers de la Verrerie Ouvrière toute la vibrante sympathie qu'avait pour eux le prolétariat tout entier.

Chiron

Le délégué de Brest donne un aperçu intéressant sur le movement syndical dans la Bretagne, encore imbue de principes réactionnaires.

Il annonce qu'à Brest, huit groupes socialistes, faisant chaque jour de nouveaux adhérents, sont constitués autour de l'Union syndicale.

Guérard

Dans un discours assez long, le citoyen Guérard, dévoilant les malsaines conditions d'existence auxquelles est soumis le prolétariat, fait le procès de la société actuelle.

Après une critique de l'impôt sur le revenu qui consacre à la fois la propriété et lui porte atteinte de par la loi, il repousse toutes les combinaisons parlementaires en train pour la création d'une caisse de retraites.

« La Révolution sociale s'impose, dit-il en concluant; si elle est pacifique, tant mieux! si elle est sanglante, tant pis! »

Besset

Le délégué du Conseil local lyonnais présente le boycottage employé par les travailleurs d'Outre-Manche comme le meilleur moyen de résistance contre le capitalisme bourgeois, jusqu'au jour de l'entière revanche.

Briat

Le représentant de la Chambre syndicale des ouvriers en Instruments de précision de Paris recommande à tous les prolétaires le groupement syndical pour résister efficacement à la bourgeoisie et entre dans des vues générales à propros des garçons de café, qu'il voudrait voir compris dans la catégorie des salariés ordinaires de par la suppression du pourboire.

Soulery, Meyer, Laurens

Le camarade Soulery, délégué d'Alger, ainsi que Meyer, de l'Alimentation parisienne, proclament l'émancipation des travailleurs par les travailleurs eux-mêmes.

Laurens remercie chaleureusement les camarades toulousains d'avoir fait preuve de solidarité, à l'effet de soutenir, dans leur lutte, les grévistes de Nevers.

Quilici

Ce citoyen, conseiller municipal de Marseille, a tenu, quoique n'étant pas délégué au Congrès de Toulouse, à saluer la démocratie toulousaine, toujours à l'avant-garde dans le combat contre la réaction, et qui a envoyé rouler dans la fange, aux dernières élections sénatoriales, ces deux odieux voleurs : l'assassin de Fourmies et le panamiste Hébrard.

Capjuzan

Capjuzan, délégué de la Bourse du Travail de Toulouse au Comité Fédéral, lance de virulentes paroles de colère et de mépris contre l'accaparement insensé des classes dirigeantes; au milieu des nombreux applaudissements qui soulignent son indignation violente, il rappelle à l'Assemblée les mille détails de l'exploitation capitaliste.

Avant de donner lecture de deux ordres du jour qui sont parvenus au bureau, le président Bénézech dit

quelques paroles que lui suggère un passage de l'Apocalypse de Saint-Jean.

Bénézech

« Dans l'Apocalypse de Saint-Jean, il y a quatre
anges, venus l'un du Nord, l'autre du Midi, les
deux autres de l'Est et de l'Ouest, qui, soufflant dans
des trompettes retentissantes, annoncent l'heure du
jugement dernier.

« Comme les anges, les délégués de tous les points de
la France, sont venus souffler à Toulouse de la trom-
pette révolutionnaire. Qu'elle se hâte donc, l'heure de
la vengeance suprême des classes asservies, camarades,
appelons de tous nos vœux, aidons de toutes nos forces
la Révolution sociale ! »

ORDRES DU JOUR

Voici les deux ordres du jour dont l'acclamation à
terminé cette importante réunion publique :

ORDRE DU JOUR ROLLAN

Les citoyens réunis le samedi 25 septembre 1897, à
l'amphithéâtre de la Faculté des Lettres, après avoir
entendu les divers orateurs qui se sont succédé à la
tribune, rendant compte des travaux du grand Congrès
corporatif, acclament l'émancipation ouvrière pour-
suivie par tous les moyens, et lèvent la séance au cri de :
« Vive la Révolution sociale ! »

ORDRE DU JOUR CORBIÈRE

Les ouvriers toulousains réunis le samedi 25 septembre 1897, à l'ancienne Faculté des Lettres, remercient
les différents orateurs qui se sont succédé à la tribune,
déclarent approuver les résolutions prises dans ces
derniers Congrès et s'engagent à propager ces différentes résolutions, à seule fin d'arriver à l'émancipation
complète des Travailleurs, qui ne peut être réalisée que
par les Travailleurs eux-mêmes.

SITUATION FINANCIÈRE AU 12 SEPTEMBRE 1897

RECETTES

	EXERCICE 1895-96	OCTOBRE	NOVEMBRE	DÉCEMBRE	JANVIER	FÉVRIER	MARS	AVRIL	MAI	JUIN	JUILLET	AOÛT	SEPTEMBRE	TOTAL		RÉCAPITULATION	
Fédération des ouvr. métallurgistes...	100	10	10	10	»	10	10	10	10	10	10	10	10	220	»	En caisse au 10 sep-	
Syndicat national des Chemins de fer..	»	10	10	10	»	10	10	10	10	10	10	10	10	120	»	tembre 1896	436 60
Fédérat. des ouvr. de la Cⁱᵉ Pⁿᵉ du gaz.	10	10	10	10	»	10	10	10	10	»	»	»	»	80	»		
Fédération des cuirs et peaux	24	3	3	3	»	3	3	3	3	3	3	3	»	57	»	Cotisations, dons,	
Fédération des travailleurs du livre...	»	10	10	10	»	10	10	10	10	10	10	10	10	120	»	vente de brochur.	1,152 25
Fédération des mouleurs en métaux...	17	5	5	5	»	5	5	5	5	5	5	5	»	72	»		
Fédération des travailleurs municip..	7	7	7	7	»	7	7	7	7	7	7	»	»	77	»		1,588 85
Fédération natioⁿˡᵉ du bâtiment......	»	10	10	10	»	10	10	10	10	»	»	»	»	70	»	Dépenses	810 70
Syndicat des omnibus.............	»	»	»	»	»	»	»	»	»	»	»	»	»	Rien.			
Fédération nationale des employés....	»	»	»	»	»	»	»	»	»	»	»	»	»	Rien.			778 15
Cercle corporatif des ouvr. mécaniciens.	»	3	3	3	»	3	3	3	3	3	»	»	»	24	»		
Syndic. des ouvr. en instrum. de précis.	»	»	»	»	»	»	»	»	»	»	»	»	»	Rien.		Dû par les Organi-	
Union des Syndicats de Paris et du dép. de la Seine..	30	10	10	10	»	10	10	10	10	10	10	10	10	150	»	sations	240 »
Fédération nationale du cuivre (Lyon).	»	»	»	»	»	»	»	»	»	»	»	»	»	Rien.			
Fédération locale de Rennes.........	9	3	3	3	»	3	3	3	3	3	3	3	3	45	»	TOTAL GÉNÉRAL.	1,018 15
Union fédér. des Syndic. ouvr. de Tulle.	8	1	1	1	»	1	»	»	»	»	»	»	»	12	»		
Syndicat des mineurs de Pont-Péan..	»	»	»	»	»	»	»	»	»	3	3	3	3	12	»		
Union des ouvriers d'Indre-et-Loire..	9	»	»	»	»	»	»	»	»	»	»	»	»	9	»		
Fédération du Cher.................	»	4	4	4	»	4	4	4	4	4	4	4	4	48	»		
DONS																	
Union des mécanic. du dép. de la Seine.	»	»	»	»	»	»	»	4	4	4	»	»	»	12	»		
Fédérat. nationale de la voiture.......	21	»	»	»	»	»	»	»	»	»	»	»	»	21	»		
Vente de brochures..............	»	»	»	3 25	»	»	»	»	»	»	»	»	»	3 25			
	235	86	86	89 25	»	86	85	85	80	72	60	65	58	47	1,152 25		

NOTA. — La *Fédération nationale des employés* n'ayant fait aucun versement ni en 1896 ni en 1897,
nous n'avons pas cru devoir faire
entrer leur compte dans les sommes
dues et susceptibles d'être encaissées.

DÉPENSES

Presse à copier	33	»
Imprimeurs... { Factures Allemane	241	»
{ Facture Colly	86	»
Indemnité au citoyen Tom Mann	100	»
Brochures du Congrès de Tours	37	50
Travaux matériels et affranchissements.	69	80
Frais généraux, correspondances, affranchissements postaux, divers	243	40
TOTAL GÉNÉRAL	810	70
AVOIR	1,588	85
RESTE	778	15
DU par les Organisations	240	»
TOTAL ÉGAL	1,018	15

Factures n⁰ˢ 1, 2, 3, 4 et 5, pour détail.

ERRATUM

Nous rectifions quelques erreurs qui nous sont signalées et qui s'étaient glissées dans la transcription sténographique des séances du Congrès :

Page 25, 8me alinéa, 3me ligne :

Au lieu de : *nombre considérable de brochures,*
Lire : *un certain nombre d'exemplaires.*

Page 67; le 8me alinéa doit être ainsi rétabli :

Après la lecture du rapport, une longue discussion s'engage entre divers membres du Congrès.
Les lignes qui suivent doivent être annulées.

Page 93; les 2me, 3me et 4me alinéas doivent être ainsi rétablis :

Guérard. — Si la Confédération n'est composée que des Fédérations de métiers et de la Fédération des Bourses, l'unité d'action ne sera pas obtenue car un grand nombre d'Organisations seront ainsi repoussées.

Non-seulement il y a des Syndicats qui n'ont pas jugé utile de former une Fédération de métier ou d'industrie, mais quand il en a été constitué une, un certain nombre de Syndicats, pour des raisons quelconques, n'y adhèrent pas. Ils se trouvent, par cela même, exclus de la Confédération.

D'autre part, plusieurs Fédérations se tiennent en dehors de la Confédération; pourquoi celle-ci n'accepterait-elle pas, individuellement, les Syndicats qui composent une Fédération récalcitrante ?

Enfin, la Fédération des Bourses du Travail ne les comprend pas toutes; c'est autant d'Organisations qui restent en dehors du mouvement et qui ne seront pas représentées à la Confédération.

Le système proposé par la commission ne peut arriver à unifier l'action corporative; trop d'éléments s'en trouvent écartés. C'est pour cela que nous proposions un organisme beaucoup plus simple et qui nous paraît plus pratique : nous demandions que la Confédération se compose exclusivement des Syndicats; elle serait ainsi en contact continuel avec l'organisation ouvrière dans sa base et pourrait plus aisément unifier l'action économique.

Page 98, après le 8me alinéa intercaler les lignes suivantes :

Guérard. — Je regrette de ne pouvoir répondre, ayant déjà usé de mon tour de parole ; mais, pour le prochain Congrès, notre Syndicat pourra reprendre sa proposition et la développer dans un rapport.

Page 103, après la lettre du citoyen Thumereau :

Cette communication est accueillie par de longs applaudissements.

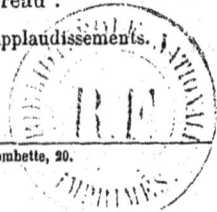

Toulouse. — Imp. G. Berthoumieu, rue de la Colombette, 20.

www.ingramcontent.com/pod-product-compliance
Lightning Source LLC
Chambersburg PA
CBHW060557210326
41519CB00014B/3500